A Literatura de Relações Públicas

Dados Internacionais de Catalogação na Publicação (CIP)
(Câmara Brasileira do Livro, SP, Brasil)

Farias, Luiz Alberto de
A literatura de relações públicas : produção, consumo e perspectivas / Luiz Alberto de Farias. – São Paulo : Summus, 2004.

Bibliografia.
ISBN 85-323-0851-1

1. Comunicação 2. Poder (Ciências sociais) 3. Relações públicas 4. Relações públicas – Bibliografia 5. Relações públicas – Pesquisa 6. Textos I. Título.

04-4818   CDD-659.2

Índice para catálogo sistemático:

1. Literatura de relações públicas   659.2

Compre em lugar de fotocopiar.
Cada real que você dá por um livro recompensa seus autores
e os convida a produzir mais sobre o tema;
incentiva seus editores a traduzir, encomendar e publicar
outras obras sobre o assunto;
e paga aos livreiros por estocar e levar até você livros
para sua informação e seu entretenimento.
Cada real que você dá pela fotocópia não autorizada de um livro
financia um crime
e ajuda a matar a produção intelectual.

LUIZ ALBERTO DE FARIAS

A Literatura de Relações Públicas

Produção, consumo e perspectivas

summus
editorial

A LITERATURA DE RELAÇÕES PÚBLICAS
produção, consumo e perpectivas
Copyright © 2004 by Luiz Alberto de Farias
Direitos desta edição reservados por Summus Editorial

Capa: **Magno Paganelli**
Editoração eletrônica: **ABBĀ Produção Editorial Ltda.**
Fotolitos: **All Print**

Summus Editorial
Departamento editorial:
Rua Itapicuru, 613 – 7º andar
05006-000 – São Paulo – SP
Fone: (11) 3872-3322
Fax: (11) 3872-7476
http://www.summus.com.br
e-mail: summus@summus.com.br

Atendimento ao consumidor:
Summus Editorial
Fone: (11) 3865-9890

Vendas por atacado:
Fone: (11) 3873-8638
Fax: (11) 3873-7085
e-mail: vendas@summus.com.br

Impresso no Brasil

Dedico este trabalho a Hosana, minha mãe, a melhor escola para enfrentar desafios e sempre encontrar caminhos.

Sumário

PREFÁCIO 9

APRESENTAÇÃO 13

INTRODUÇÃO 19
    Objetivos, métodos e
    procedimentos 21

1
RELAÇÕES PÚBLICAS E A PRODUÇÃO
CIENTÍFICA: PERSPECTIVAS 27

2
A PRODUÇÃO INTELECTUAL NAS
UNIVERSIDADES 35

3
FUNÇÕES E CONTRIBUIÇÕES DOS
INTELECTUAIS DE RELAÇÕES PÚBLICAS . . 45

4
O PAPEL DAS RELAÇÕES PÚBLICAS
NAS ORGANIZAÇÕES 49
    Definindo as organizações 50
    A intervenção do poder 52
    Cultura, transformação e aculturação
    organizacional 54
    Organizações que aprendem 55
    A influência da comunicação no poder
    e na cultura da organização 56
    A contribuição das Relações Públicas no
    processo de comunicação organizacional 58
    Proposta institucional única 59

5
INFLUÊNCIAS DA GLOBALIZAÇÃO
NA TRANSFORMAÇÃO DAS
RELAÇÕES PÚBLICAS 63

6
UNIVERSIDADES E EDITORAS — OS LIMITES
ENTRE PESQUISA E MERCADO 67

7
LITERATURA: PRODUÇÃO E CONSUMO .. 73

CONSIDERAÇÕES FINAIS 81

REFERÊNCIAS 85

ANEXOS

    Anexo I — Pesquisas de campo 93
    Anexo II — Transcrição de entrevistas ... 101
    Anexo III — Conclusões do Parlamento
                  Nacional de Relações Públicas . 153

PREFÁCIO

A pesquisa do professor Luiz Alberto de Farias é uma importante contribuição para o campo da Comunicação Social, especialmente para as Relações Públicas. Podemos considerar que um trabalho é relevante, de fato, quando traz ao leitor elementos que não haviam sido percebidos por uma comunidade inteira; mesmo sendo sentidos por ela, não lhe haviam chegado plenamente à consciência. E, neste caso, os dados coletados pelo autor sobre a questão da produção e do consumo de textos sobre as Relações Públicas no Brasil, a exemplo de toda a América Latina, são extremamente reveladores, não apenas para a área, mas para os demais setores da Comunicação: Publicidade; Jornalismo e Radialismo, entre as demais áreas desse campo – incluindo aí a própria Editoração.

A investigação revela sua potência, que colabora para o fortalecimento tanto dos aspectos profissionais quanto acadêmicos, dos fazeres operativos que geram a reflexão, a qual pode aprimorar, redimensionar e mesmo amplificar as competências do profissional das Relações Públicas e da Comunicação Social do País. Configura-se, portanto, a práxis de um jovem intelectual e de um engajado profissional que, com a pesquisa e a produção textual, contribui para o vigor da própria área de atuação.

Trazer à consciência do público as provas de uma necessária e pequena produção é fundamental. Porém, a perspectiva de Luiz Alberto é proativa. Não se restringe às comprovações nem mesmo conota derrotismo ou lamúria. Bem longe disso, o texto é uma palavra viva que comprova por si mesmo como é indispensável o fazer, que leva ao saber e que este, em sua dinâmica, gera o poder fazer saber.

A sociedade brasileira passa por grandes mutações. A cultura de massa é transformada, a partir do conceito de segmentação, em sociedade de públicos, tribos urbanas que se dispersam pelo espaço que, virtualizado, estabelece redes de informação que transcendem à contigüidade física e expandem as fronteiras geográficas. No caso de uma informação que antes poderia ser controlada ao cercar-se um veículo ou alguns meios hegemônicos de comunicação, agora, com a Internet, basta um usuário apenas para que o conteúdo seja potencialmente informado a muitos, nos mais distantes espaços e em tempo real, instantâneo. Desse modo, os indivíduos e as organizações tornam-se extremamente expostos. Exposição positiva que pode gerar adesão às causas mais nobres, mas também levar à exposição negativa, na qual "dado" veículo pode, mesmo sem ser checado, e portanto potencialmente falso, gerar crise de resultado catastrófico.

Daí a grande força da Comunicação, ou melhor, da gestão das políticas de comunicação das organizações com a sociedade. Esta é constituída dos diferentes segmentos que podemos denominar de **públicos**. O administrador dessas políticas comunicacionais é o profissional de Comunicação – o relações-públicas. Logo, este necessita, cada vez mais, atualizar-se devido às mutações geradas na cultura contemporânea. E, mais especialmente, devido à maneira como estas interferem no profissional. Porém, para poder obter tais informações é necessário que estas sejam coletadas, analisadas, produzidas e disseminadas. Os produtores desses saberes formam a massa crítica que coleta, pensa, checa e articula os diferentes saberes que podem e devem retornar ao próprio campo e à própria sociedade. Os locais privilegiados dessa produção de saber são as universidades e faculdades de excelência – estas formam os profissionais e os acadêmicos que detêm o saber fazer e daí o poder fazer saber.

Essas informações de caráter técnico e profundidade científica são indispensáveis para a construção positiva de relações na complexidade da sociedade brasileira contemporânea. O veículo suporte dessas informações sofisticadas é o impresso, o qual recebe cada vez mais destaque do ponto de vista visual e gráfico. O público leitor que pode ter acesso a tais informações, lamentavelmente, é relativamente restrito, visto que se trata de literatura especializada. E a lógica das editoras relaciona-se com a do mercado – fato compreensível, posto que as editoras necessitam viabilizar-se economicamente. Mas o reflexo disso é que nem sempre privilegiam a publicação de textos com tais especificidades. *Grosso modo* optam por reedições (nem sempre atualizadas), traduções ou publicação de alguns raros autores já consagrados, e quase nunca publicam textos de jovens autores de áreas emergentes, como a das Relações Públicas.

O trabalho de Luiz Alberto contém informações obtidas com poucas editoras que privilegiam as publicações de títulos de RRPP, identificando seus critérios no estabelecimento das políticas editoriais. Porém, não se limita a esses elementos. Coteja-as com reflexões advindas daqueles autores, raros e excepcionais, que tiveram publicadas suas pesquisas edificadas a partir de rigor universitário. Aí também Farias foi muito feliz ao selecionar seus informantes para registrar-lhes o pensamento: os intelectuais entrevistados foram Margarida M. Krohling Kunsch, Sidinéia Gomes Freitas, Waldyr Gutierrez Fortes e Cristina Giácomo, todos referenciais na área das Relações Públicas e da Comunicação no País.

Também foram entrevistados os professores Waldir Ferreira e Mitsuru Yanaze, da Universidade de São Paulo e da Faculdade Cásper Líbero, respectivamente. Obteve-se, assim, a posição de instituições de prestígio sobre o ensino e a necessidade de novas produções e publicações de RRPP.

Logo, o autor, ao coletar, comparar e analisar as informações obtidas nessas diferentes fontes, traz à luz o estágio atual da produção e do consumo de saberes das teorias, técnicas e práticas de Relações com o público na contemporaneidade.

A dinâmica da produção, transmissão, divulgação e recepção é aprendida exemplarmente e serve como substrato para que Luiz Alberto de Farias, baseando-se nas concepções teóricas de Gramsci, demonstre inteligência arguta, sensibilidade e sutileza nas críticas positivas que tece. Há pertinência e atualidade dos dados que são tratados em linguagem agradável, leve, porém elevada. Reitero: evidencia, atualiza e contribui para esclarecer a complexidade das Relações Públicas e a importância de seu estudo na constituição do Estado democrático e da cidadania no Brasil contemporâneo.

Parabenizo a Summus Editorial, que, por publicar este importante texto de Luiz Alberto, comprova haver espaço para a inteligência em palavra e ação. E felicito você, leitor, que ao ter compartilhado este saber pode estabelecer relações positivas e dialógicas com seu público.

Ivan Santo Barbosa
PROFESSOR TITULAR DA ESCOLA DE COMUNICAÇÕES E
ARTES DA UNIVERSIDADE DE SÃO PAULO
CHEFE DO DEPARTAMENTO DE RELAÇÕES PÚBLICAS,
PROPAGANDA E TURISMO DA ECA-USP

APRESENTAÇÃO

Para Luiz Alberto de Farias, produção acadêmica em relações públicas, universidade, editoras e consumo são fatores necessariamente interconectados. Nesse contexto, ele considera que, se o conhecimento gerado no meio universitário fosse mais reproduzido e democratizado, por meio da literatura, poderia trazer maiores contribuições para o fortalecimento da atividade e um maior reconhecimento público das relações públicas no ambiente corporativo.

Em *A literatura de relações públicas – Produção, consumo e perspectivas,* o autor trabalha essas questões como pertinentes ao exercício da profissão, chamando a atenção para o papel dos intelectuais no processo evolutivo dessa área no País, tanto no âmbito acadêmico quanto no profissional. Para ele, a literatura disponível não atende à demanda existente, diante da amplitude e do avanço do mercado da comunicação organizacional. O questionamento de todos esses aspectos está sempre presente ao longo da obra, cujo grande mérito reside na forma original como o autor soube abordá-los, trazendo para o debate público algo que, num primeiro momento, poderia ficar restrito ao meio acadêmico-científico.

Os pesquisadores dos centros de pós-graduação das universidades brasileiras que conseguem divulgar sua produção podem se sentir vitoriosos. Normalmente, esta é uma tarefa que o estudioso precisa encarar sozinho e com persistência. Em princípio, faltam, entre a universidade e as editoras, acordos e políticas institucionais que facilitem negociações nessa direção, conforme constata Luiz Alberto. E ainda são poucas as editoras que abrem espaço para obras dessa área de conhecimento, embora nos últimos anos venha ocorrendo, por parte delas, um reconhecimento crescente de que se trata aqui de um mercado emergente com perspectivas muito promissoras. Cabe aqui um voto de louvor à Summus Editorial, que o autor destaca como a casa que mais livros de comunicação publica no Brasil.

Até que ponto a literatura de relações públicas e a comunicação organizacional aqui geradas podem ser vistas como reduzidas? Numa comparação com outros países da América Latina e mesmo da Europa, estamos numa posição de certo relevo. Com um número expressivo de teses e dissertações defendidas e publicadas entre 1970 e 2004, temos uma produção considerada a segunda do mundo, inferior apenas à dos Estados Unidos, mantendo-se o que já constatava há tempos o memorável mestre Candido Teobaldo de Souza Andrade.

Mas nós queremos muito mais, pois existe uma demanda de consumo – como salienta Luiz Alberto – que se angustia diante da evidência de que haveria reais possibilidades de crescimento se houvesse maior integração e cooperação entre o campo acadêmico e o mercado editorial. De qualquer forma, as perspectivas são animadoras, ante o surgimento de novas gerações e de novos autores, sobretudo a partir do ano 2000, denotando uma evolução em relação aos dados da pesquisa realizada pelo autor na década anterior, que apontava certa concentração das obras em alguns pesquisadores e em um número reduzido de editoras.

Nos últimos dez anos, tenho me dedicado a analisar a produção científica e técnica das áreas de relações públicas e de comunicação organizacional no Brasil na Escola de Comunicações e Artes da Universidade de São Paulo, com o apoio do CNPq (Conselho Nacional de Desenvolvimento Científico e Tecnológico). O levantamento feito em várias fontes de informação, organizado e sistematizado na forma de registros bibliográficos com os *abstracts*, sinaliza um crescimento acentuado em número e um aperfeiçoamento constante na qualidade do material que foi gerado entre 1950 e 2004.

O que se constata, em geral, é uma preocupação dominante de abordar simultaneamente os aspectos conceituais e práticos, registrando-se uma escassez de dissertações e teses com ênfase na teoria e mesmo no estudo das correntes do pensamento comunicacional brasileiro dessas áreas do conhecimento. A tendência tem sido valorizar mais as ferramentas e os instrumentos do que os processos e a complexidade da comunicação nas organizações. Todavia, é perfeitamente compreensível que assim seja, dentro da evolução da construção de uma teoria desse campo no Brasil. A partir da sistematização da práxis e da apropriação, pela academia, do saber prático, que deve ser questionado criticamente por ela, é que conseguiremos construir um *corpus* teórico das relações públicas e da comunicação organizacional numa perspectiva genuinamente sintonizada com a cultura e a realidade brasileira.

Luiz Alberto reforça esta idéia de forma muito oportuna, ao fazer referência ao pensamento de Antonio Gramsci em *Os intelectuais e a organização da cultura*. As escolas contribuem para a sociedade e esta, por sua vez, indica-lhes os caminhos para efetivar essa contribuição. Tanto o mercado como a escola não são estanques: eles recebem impulsos da sociedade e retornam a ela com resultados – de reflexão teórica ou de caráter prático –, permitindo a práxis da profissão.

Outro aspecto a considerar é o descompasso entre a produção acadêmica das relações públicas e da comunicação organizacional e o estágio avançado em que elas se encontram no Brasil. Neste caso, nossa produção é mesmo reduzida e não tem estado na vanguarda. O fato de as universidades, especialmente as públicas federais, não terem valorizado essas áreas nas linhas de pesquisa de pós-graduação contribuiu para que elas não avançassem como poderiam. As pesquisas indicam que é justamente nas universidades públicas que existem mais condições para a realização de pesquisas científicas e, com isso, para a geração de mais conhecimentos. Uma exceção é a Universidade de São Paulo, com a Escola de Comunicações e Artes, que foi pioneira em abrir espaço para o desenvolvimento dos primeiros estudos dessas áreas, tanto no âmbito dos cursos de graduação quanto nos de pós-graduação.

O fato é que relações públicas e comunicação organizacional ainda não ocupam o devido lugar nos cursos brasileiros de pós-graduação em comunicação. Isto se deve, sobretudo, à inexistência de um número suficiente de professores qualificados, além de ainda se produzir muita "literatura cinzenta" sobre essas áreas. Ou então as universidades simplesmente ignoram as possibilidades que elas oferecem e a contribuição que poderiam dar à sociedade.

A pressão por mudanças está vindo de fora. Os profissionais de comunicação que atuam no mercado sentem necessidade de buscar novos conceitos. A crescente demanda por cursos de especialização (*lato sensu*) está provocando um novo posicionamento institucional da academia nessa direção. Por outro lado, é certo que a literatura específica tende a crescer e a provocar um aumento do consumo.

Hoje está se configurando uma nova postura das organizações diante da sociedade, do público e da opinião pública em geral, o que implica a criação de bases conceituais mais sólidas para a prática profissional. A globalização e a revolução tecnológica da informação exigirão cada vez mais que elas pensem e planejem estrategicamente sua comunicação, para o que não poderão prescindir do apoio da ciência.

Essa necessidade de uma crescente profissionalização, associada ao estágio avançado das relações públicas e da comunicação organizacional no Brasil, levará a universidade a criar mais espaço para a pesquisa e o ensino. Acresce a isso o fato de que a conjuntura política do País, com o fortalecimento e a consolidação das instituições democráticas, contribui para o florescimento e a expansão dessas áreas no contexto das organizações.

O livro de Luiz Alberto de Farias certamente convidará o leitor a se inserir nesse debate e a dar maior importância a publicações que, oriundas de pesquisas científicas, possam de fato contribuir com a sociedade e com o concorrido mercado da comunicação organizacional.

Margarida M. Krohling Kunsch
PROFESSORA E PESQUISADORA DA
ESCOLA DE COMUNICAÇÕES E ARTES
DA UNIVERSIDADE DE SÃO PAULO

INTRODUÇÃO

A pesquisa que deu origem a este livro vem ao encontro de uma proposta de trabalho que busca dar apoio à profissão de Relações Públicas. Partiu do objetivo de colaborar com o fortalecimento da profissão em uma área reconhecidamente importante para a consolidação de qualquer segmento profissional ou acadêmico: a literatura.

Regulamentada há mais de trinta anos, julgamos que a profissão de Relações Públicas inicia o novo milênio ainda relativamente desconhecida e não devidamente valorizada pelo grande público e pelo setor empresarial. Tendo passado por uma regulamentação (Lei n. 5.377, de 11 de dezembro de 1967), de benefício discutível para a categoria – segundo os responsáveis por esse processo, foi imatura (Kunsch, 1997) –, as Relações Públicas estiveram por muito tempo associadas ao regime militar, já que em seu auge muitos órgãos públicos utilizavam-na para aproximar-se da opinião pública e conseqüentemente colaborar para a sustentação e manutenção do regime.

Este livro[1] propõe-se colocar em destaque as questões pertinentes ao exercício da profissão sob o enfoque e a relação da literatura específica. Nesse aspecto, pensamos que ela ainda não atenda plenamente à demanda de modo geral no mundo e, em especial, no Brasil e, por outro lado, seja uma potencial ferramenta no fortalecimento da atividade, permitindo integração, divulgação das pesquisas e atividades profissionais e criação ou consolidação de um espírito de corpo.

De imediato podemos acreditar que o número de títulos de livros específicos de Relações Públicas no Brasil seja pequeno[2], bem como a quantidade de autores. Verificamos uma produção literária nessa área concentrada em poucos autores. Percebemos, ainda, que existem poucas editoras com significativo volume de títulos nesse segmento[3]. Assim, pensamos que não haja produção proporcional à demanda.

Essa demanda, por sua vez, seria representada por um público formado por estudantes de graduação e de pós-graduação, profissionais, pesquisadores, professores e também por um mercado não especializado – executivos e profissionais que atuam em áreas diversas, mas sentem a necessidade de informação sobre questões de relacionamento com os mais diferentes tipos de público. Além disso, áreas afins, que se relacionam direta ou indiretamente com as Relações Públicas, como a Administração, o Marketing, a Publicidade e a Propaganda, o Jornalismo, além dos demais profissionais envolvidos com comunicação, também poderiam ser beneficiadas pelo incremento na produção literária de Relações Públicas.

---

1. Focar a pesquisa na década de 1990, a última do milênio, verdadeira referência para todos os novos encaminhamentos do mundo, ponto-limite de várias gerações, permitiu-nos tocar em questões que consideramos de grande relevância e, ao mesmo tempo, "beber na fonte" de profissionais que têm de fato realizado e feito a história recente das Relações Públicas no Brasil.
2. Informação baseada na 7ª edição do *Guia Brasileiro de Relações Públicas* e nos levantamentos feitos nas editoras que atuam nesse segmento.
3. As publicações concentram-se principalmente em quatro editoras: Sagra-Luzzatto, Summus, Pioneira, Sulina.

Assim, movidos por demonstrações quantitativas e qualitativas, oriundas de levantamentos de dados secundários e de pesquisas de dados primários em editoras, com coordenadores de cursos de graduação em Relações Públicas e de pós-graduação envolvidos com pesquisas ligadas à área de Relações Públicas e com autores cujas obras tenham sido fruto de pesquisas de pós-graduação, buscamos neste livro analisar de forma crítica a realidade da produção editorial sobre a profissão. Os dados darão base para uma reflexão sobre os caminhos que permitiram às Relações Públicas tornar-se o que são e de que maneira e por quais vias se poderão sanar problemas que as pesquisas nos apontarem como os mais relevantes.

Por essa via pretendemos dar uma parcela de contribuição à profissão, aos pesquisadores e aos profissionais, questionando o universo escolhido para nossas pesquisas, as questões-chave, e tentando compreender melhor os caminhos para a solução da baixa produção de livros de Relações Públicas, o que, acreditamos, possa contribuir para a profissão.

Não se trata, no entanto, de um levantamento bibliográfico exaustivo, como possa eventualmente sugerir o título da obra. Buscamos entre um pequeno, mas minuciosamente selecionado grupo – com base em amostras intencionais –, compreender questões relativas à história, à realidade e às perspectivas das Relações Públicas e do segmento editorial ligado a essa área.

Objetivos, métodos e procedimentos

Para tentarmos alcançar os objetivos propostos, um primeiro levantamento foi feito nas editoras cujo acervo contasse com maior quantidade de obras ligadas diretamente às Relações Públicas. A idéia inicial era encontrar dados que pudessem contribuir para a compreensão desse mercado – ainda tão restrito no Brasil –, de modo a favorecer possíveis interessados em ter suas obras transformadas em livros. Partiu-se de um questionário indireto – por correio eletrônico –, estruturado, com questões abertas, de metodologia quantitativa, com amostra não-probabilística, tendo por objetivo colher dados mercadológicos e ao mesmo tempo fazer uma sondagem sobre os critérios de seleção de novas obras, bem como as expectativas dessas editoras.

As editoras não se recusaram a emitir seu parecer. Contudo, somente uma das editoras consultadas respondeu. Assim, pudemos basear nosso trabalho em apenas um questionário, o que nos parece possível devido às características da editora e ao interesse desse retorno.

Partimos para um levantamento com importantes representantes da área de Relações Públicas, denotados por sua atuação acadêmica ou profissional relevante e pela produção de pelo menos uma obra literária oriunda de uma pesquisa de pós-graduação.

Foram selecionados intencionalmente quatro profissionais – todos com larga vivência na área de Relações Públicas, experiência docente e de mercado, além de terem desenvolvido pesquisas de mestrado e de doutorado ligadas às Relações Públicas: duas profissionais em exercício na Universidade de São Paulo (USP), uma na Faculdade Cásper Líbero e um na Universidade Estadual de Londrina (UEL).

As entrevistas partiram de uma proposta com questionários estruturados, com perguntas abertas, visando obter depoimentos sobre as principais questões que demarcam a atividade de Relações Públicas. Ainda que se tratasse de questionários, buscou-se mais que uma tabulação das informações: uma leitura qualitativa, refinando as informações vindas de público tão valioso.

A primeira entrevista foi realizada com a destacada professora doutora Margarida Maria Krohling Kunsch, que, à época da entrevista, dentre outras funções, coordenava o curso de Relações Públicas do Departamento de Relações Públicas, Propaganda e Turismo (CRP), da Escola de Comunicações e Artes (ECA) da USP. Livre-docente e com ampla pesquisa desenvolvida na área, a professora Margarida vem contribuindo com a profissão, inclusive publicando livros de sua autoria ou organizando a publicação de obras, reunindo importantes nomes para as Relações Públicas e para a comunicação de modo geral.

Outra entrevistada foi a professora doutora Sidinéia Gomes Freitas, professora titular da ECA e à época presidente do Conselho Federal dos Profissionais de Relações Públicas (Conferp). Além do destaque profissional da professora Sidinéia, pode-se apontar sua importância à frente do órgão máximo da profissão. Sua tese de livre-docência deu origem ao livro *Manual da qualidade em projetos de comunicação,* em parceria com o também relações-públicas Fábio França. Esse manual é obra de referência para trabalhos de finalização de curso.

A professora doutora Cristina Giácomo, professora titular e ex-vice-diretora da Faculdade de Comunicação Social Cásper Líbero, pesquisadora das Relações Públicas tanto no mestrado como no doutorado, também foi ouvida e deu seus pareceres sobre os caminhos da profissão. Sua dissertação de mestrado deu origem ao livro *Tudo acaba em festa,* que fala sobre uma das ferramentas das Relações Públicas: o evento.

As três entrevistas anteriores foram realizadas pessoalmente, colhendo-se informações e impressões em profundidade. Por fim, por correio eletrônico, o *e-mail,* mas não com menor profundidade nas respostas, foi ouvido o professor doutor Waldyr Gutierrez Fortes, titular da Universidade Estadual de Londrina, apontada pelo tradicional *ranking* da revista *Playboy* como a instituição de ensino superior com um dos cinco melhores cursos de Relações Públicas do Brasil. O professor Fortes teve, inclusive, a publicação de sua tese de doutorado (concluído em 1993) no ano de 1999 – que deu origem ao livro *Transmarketing: estratégias avançadas de relações públicas no campo do marketing.*

Por fim, foram ouvidos coordenadores de cursos de graduação (em Relações Públicas) e de pós-graduação (direta ou indiretamente ligados às Relações Públicas). Foram selecionadas, mais uma vez de forma intencional, as duas instituições que à época (1999) estavam classificadas pelo já citado *ranking* da *Playboy*[4] como as duas melhores instituições na área de Relações Públicas[5] – USP e Cásper Líbero.

A Universidade de São Paulo, tradicional em diversas áreas, manteve-se em Relações Públicas como a primeira colocada. A pesquisa realizada pela revista foi descontinuada e em sua última versão a USP mantinha-se como líder. Na ocasião foi ouvida a professora doutora Margarida M. Krohling Kunsch, coordenadora do curso de Relações Públicas dessa instituição. A mesma professora já contribuíra para esta pesquisa na qualidade de pesquisadora-escritora.

Quanto à Cásper Líbero, segunda colocada no referido *ranking*, foi realocada na última versão do *ranking* da *Playboy* para a quarta posição. Nessa instituição pudemos receber as impressões e informações do então coordenador de Relações Públicas, o professor Nilton Claret, que esteve à frente do curso por seis anos.

No tocante à pós-graduação, na USP foi entrevistado o professor doutor Waldir Ferreira, na ocasião coordenador do programa de pós-graduação. Na Cásper Líbero foi entrevistado o professor doutor Mitsuru Higuchi Yanaze, responsável pela estruturação do então programa de pós-graduação em Comunicação e Mercado dessa instituição.

Outros profissionais e pesquisadores foram ouvidos, formal ou informalmente – inclusive em eventos dos quais participamos pelo Brasil (Recife, Rio de Janeiro, Porto Alegre, São Paulo, Manaus, Campo Grande, Salvador, Belo Horizonte) –, para subsidiar as impressões emitidas ao longo deste livro. Diversas obras ligadas à área também foram consultadas, dando suporte teórico e embasamento histórico ao trabalho. Mas sem dúvida as impressões colhidas por meio das entrevistas é que deram a este trabalho a riqueza das opiniões de profissionais de Relações Públicas que têm feito um trabalho de grande relevância para o crescimento da profissão, em especial lutando contra os corporativismos e sim pelo espírito de corpo. Não se poderiam ouvir todos os profissionais – mesmo os mais significativos –, por isso optamos pela

---

4. O referido *ranking* foi descontinuado após o ano de 2000.
5. Definiu-se como critério de seleção a classificação das instituições pela graduação e não pela pós-graduação.

amostra intencional, selecionando aqueles que acreditamos serem os mais indicados para dar-nos norte nas questões mais delicadas que compreendem nosso trabalho.

Desse modo, com base nas referências ora descritas, dividimos nosso livro em sete capítulos, que têm por intenção analisar o que em nosso pensamento são os principais segmentos das Relações Públicas, objetivando a compreensão de seu panorama e das inter-relações que podem, também, influir em seu modo de ser, nas suas perspectivas e permitir sua melhor percepção. Agregamos ao livro alguns anexos que julgamos serem relevantes. São os projetos de pesquisas de dados primários (entrevistas), as transcrições delas e o texto intitulado "Conclusões do Parlamento Nacional de Relações Públicas", objeto fundamental para as Relações Públicas, uma vez que contém a proposta de auto-revisão da atividade, já encaminhada ao Congresso Nacional para análise e votação.

Iniciamos nosso trabalho com um capítulo sobre a condição das Relações Públicas no fim do século XX e suas perspectivas para o novo milênio. Por duas ocasiões tivemos a oportunidade de apresentar as idéias gerais contidas nesse capítulo em eventos científicos – III Encontro Luso-Afro-Brasileiro de Língua Portuguesa, Literaturas e Comunicação Social, em São Paulo, e XXIII Intercom, em Manaus –, o que nos permitiu agregar a ele as reflexões debatidas durante os encontros, quando a assistência contava com a presença de alunos, profissionais e acadêmicos de diversas instituições de todo o Brasil.

Procuramos compreender as principais vertentes que compõem a atividade de Relações Públicas – em especial a acadêmica e a de mercado – e suas interfaces com a produção bibliográfica.

No primeiro capítulo tentamos refletir sobre as condições que levaram as Relações Públicas a seu atual estágio, bem como traçar um panorama de suas perspectivas. No Capítulo 2 discutimos a produção intelectual nas universidades e seguimos no Capítulo 3 com uma discussão sobre o papel dos intelectuais no desenvolvimento da profissão.

O quarto capítulo destina-se a fazer uma análise da contribuição e da relação da atividade de Relações Públicas no cenário organizacional. A isso agregamos uma breve reflexão sobre a influência da globalização no processo de transformação das Relações Públicas.

Por fim, dedicamos o penúltimo capítulo à análise do relacionamento entre universidade e editoras e o último a uma leitura quantitativa e qualitativa da produção e do consumo da literatura, alvo de nosso trabalho.

De uma proposta absolutamente preocupada com a área de Relações Públicas, surgiu esta contribuição, que busca, mais que oferecer caminhos, questioná-los, colocá-los em discussão. A área de Relações Públicas, tão rica em possibilidades para as mais diversas organizações, de todos os setores, conta também com talentosos profissionais, sejam aqueles que já a desenvolvem há longos anos, sejam aqueles que acabam de iniciar sua carreira. Na trajetória de professor universitário, pude compreender muito do que pode estar por vir. O talento tem emanado dos bancos escolares e o mercado tem se profissionalizado a cada dia. Cada contribuição deve ser dada com a certeza de que as Relações Públicas são compostas por um pouco de cada uma das iniciativas.

1

RELAÇÕES PÚBLICAS E A PRODUÇÃO CIENTÍFICA: PERSPECTIVAS

De acordo com as entrevistas e os levantamentos realizados, achamos necessário fazer uma reflexão sobre a cronologia dos acontecimentos que permeiam a condição das Relações Públicas atualmente.

Acreditamos que seja importante pensar sobre a formatação da profissão e sobre as perspectivas que se lhe apresentam sob o prisma da produção científica, elemento diretamente ligado à temática proposta neste livro.

A função inicial das Relações Públicas, segundo a professora Margarida Kunsch (1999, p. 140):

> é administrar e gerenciar, nas organizações, a comunicação com os diversos públicos, com vistas à construção de uma identidade corporativa e de um conceito institucional positivo junto à opinião pública e à sociedade em geral.

A partir dessa conceituação, podemos imaginar que toda a transformação mundial decorrente do processo de mundialização/globalização (Ortiz, 1997) afetou também as condições de pensamento e atuação das Relações Públicas.

A profissão, cujo início histórico data do começo do século XX[6], foi gerada por uma necessidade das organizações em relacionar-se melhor com os diversos públicos, surgida no momento em que a importância da opinião pública foi percebida. Pensamos que assim devem ocorrer as formações e transformações de profissões: reações às necessidades da sociedade. Neste ponto, cabe voltar à regulamentação da profissão, ocorrida no Brasil em uma época na qual nem sequer existiam cursos de graduação – visto que o exercício da profissão pressupunha a formação universitária, condição imposta no texto da legislação regulamentadora –, tampouco a sociedade estava esclarecida a esse respeito e talvez nem demandasse esse encaminhamento.

Ainda segundo a professora Margarida Kunsch (1999, p. 140), Relações Públicas:

> é uma área complexa e mais abstrata do que as do jornalismo, do rádio, da televisão e da publicidade. Fazer um jornal, criar campanhas e anúncios publicitários ou produzir programas radiofônicos e televisivos são atividades concretas e pontuais facilmente tangíveis. Daí talvez a grande incompreensão sobre a verdadeira finalidade da área, bem como o desconhecimento de suas possibilidades para a maioria das pessoas.

O que nos parece, de fato, é que as atividades de Relações Públicas inscrevem-se no cenário da comunicação de forma polivalente, ofertando um conjunto extenso de ferramentas que são de maior grau de complexidade, prejudicando uma visão mais objetiva da profissão, fazendo valer conceitos muitas vezes distorcidos – atribuição de um

---

6. Um ponto marcante foi a criação do primeiro escritório de RP, em Nova York, em 1906, por Ivy Lee. Outro ponto-chave foi o início da consultoria dada por Lee à família Rockefeller, em 1914 (Peruzzo, 1986).

simplismo exagerado ou de uma generalidade desconcertante. Diante desse paradigma, encontramo-nos ainda em um estágio de grande dissonância entre o conceito e a identidade da profissão.

Assim sendo, acreditamos que todo o processo de formatação da profissão em nosso país ocorreu ao longo dos anos muitas vezes enfraquecido por essa dificuldade em fazer-se compreender. Entretanto, as necessidades da sociedade cuja satisfação caberia às Relações Públicas não deixaram – nesse mesmo período – de fazer-se ouvir. Caberia dizer que, ao contrário, expandiu-se ainda mais com o advento das novas tecnologias e dos novos processos de troca mercantil e cultural, advindos da cultura "globalizante". Ainda vale ressaltar o tema das diferenças sociais – pobreza e marginalização dos povos resultantes do distanciamento dos governos das questões de ordem de base – assumidas por novas formas de representação de entidades não-governamentais (ONGS), que mais uma vez remetem à atuação das Relações Públicas como instrumento otimizador desse processo. Essas diferenças são amplamente detectadas em nosso país e possibilitam-nos crer na vastidão desse campo para a atuação de nossos profissionais.

O mercado, então, esteve aberto aos resultados potencialmente obtidos pelas Relações Públicas, mas pensamos que isso não foi devidamente aproveitado, ocasionando uma carência de espaço e reconhecimento ainda em nossos dias.

Para nos dar a base, realizamos o levantamento de opinião citado na introdução deste livro e concluímos que os profissionais ouvidos vêem o presente momento de forma bastante otimista. Reproduziremos ao longo do texto algumas falas desses relações-públicas, recortadas de forma intencional das entrevistas colhidas e que podem ser encontradas em sua totalidade no Anexo II – Transcrição de entrevistas.

Segundo a professora Margarida Kunsch "o momento é bastante propício" visto que "muitas organizações estão percebendo a necessidade de repensarem suas estratégias e suas políticas de comunicação". De modo que podemos acreditar que até agora ainda não é suficientemente forte a percepção das organizações pela "utilidade" do uso da profissão a seu serviço, mas existe boa perspectiva de mudança desse cenário.

A professora Sidinéia Gomes Freitas, por sua vez, perfila sua opinião com a da professora Margarida Kunsch, atribuindo seu otimismo quanto à profissão ao fato de os relações-públicas terem o "perfil do generalista na comunicação e também o mercado aponta para uma absorção do perfil do generalista". Ainda segundo a professora Sidinéia, isso pode ser também verificado pelo crescente sentimento das empresas pela assunção de seu papel de empresas-cidadãs, adotando postura de responsabilidade em relação à sociedade[7].

A situação da profissão, para a professora Cristina Giácomo, está ainda distante de onde deveria. Ela acredita que "falta uma maior identidade para as Relações Públicas, principalmente no âmbito interno – nas associações, nas escolas [...]".

Já para o professor Waldyr Gutierrez Fortes a situação é favorecida principalmente pela abertura e pela expansão dos mercados – globalização e entrada de capitais. Contudo, alerta para o fato de muitas empresas terem de primeiro enfrentar problemas – relativos muitas vezes a questões de falta de conhecimento de aspectos culturais – para depois buscarem apoio em estratégias de Relações Públicas.

Assim, embora haja certo otimismo quanto à profissão, percebido nas entrevistas realizadas, sentimos alguma carência de identidade nas Relações Públicas, possivelmente resultando em perda de espaço para outros profissionais que conseguem demonstrar a seus pares e ao mercado resultados mais "palpáveis" de seu trabalho, embora isso aparentemente não preocupe os professores-coordenadores dessa área nas universidades, como veremos adiante.

Com o crescimento do mercado motivado pelos fatores já citados pelo professor Gutierrez Fortes, perspectivas se apresentavam às Re-

---

7. Utilizamos o seguinte conceito para abalizarmos nossa compreensão de responsabilidade social "[...] consiste na somatória de atitudes assumidas por agentes sociais – cidadãos, organizações públicas, privadas com ou sem fins lucrativos – estreitamente vinculadas à ciência do dever humano (ética) e voltadas para o desenvolvimento sustentado da sociedade" (Fernandes, 2000).

lações Públicas no final da década de 1990. Uma questão que se destaca é a diminuição da oferta de emprego em organizações – departamentos, assessorias internas etc. – em contrapartida ao crescimento do número de agências de prestação de serviços terceirizados de comunicação. Nem todos os profissionais concordam que seja esse o melhor caminho. O professor Fortes acredita que

> isto acarrete um trabalho parcial de relacionamento com os públicos. Sem conhecer o dia-a-dia da empresa é muito difícil propor algo realmente estratégico e consistente com o interesse dos públicos e com o interesse público maior de uma comunidade [...].

Para a professora Cristina Giácomo

> trabalhar no departamento de uma empresa é mais complicado do que trabalhar fora. [...] Trabalhar e apontar equívocos ou entraves de comunicação dentro de uma empresa de que você faz parte é muito complicado. É muito mais fácil [...] diagnosticar problemas, apontar soluções de fora.

Com relação a esse tema, a professora Sidinéia acredita "que o caminho é pela formação do pequeno empreendedor, dos prestadores de serviço". A isso a professora Margarida agrega a ocorrência de dois fenômenos: o crescimento da prestação de serviços e a internacionalização das empresas brasileiras. Segundo ela, "as grandes assessorias, aquelas que estão muito bem sedimentadas, estão fazendo parcerias e acordos com entidades estrangeiras". Isso pode levar-nos a crer em uma gradual mudança no perfil da profissão – tanto em imagem como em teorias e técnicas – em médio prazo, a partir da influência desse processo de internacionalização, que vem ao encontro do processo de mundialização cultural – guardadas as devidas proporções.

A percepção da contribuição dos profissionais, atuantes no mercado de trabalho ou no universo acadêmico, passa por essas duas vertentes. De acordo com a professora Margarida, encontramos pesquisas cujos temas, muitas vezes, não são devidamente trabalhados. Quanto aos profissionais, "não têm um trabalho agressivo de contribuição para a melhoria da categoria, para a melhoria da identidade da profissão".

Já para a professora Sidinéia, "quem acaba apontando mais caminhos é o próprio mercado". O professor Gutierrez Fortes declara que "existe uma falta de solidariedade profissional em Relações Públicas", podendo ser essa ausência uma motivadora de seu atual estado.

A falta de uma identidade da profissão, apontada anteriormente, e uma possível ausência de solidariedade podem fazer-nos crer que possam ter sido entraves para o fortalecimento da profissão, para maior definição entre os praticantes e a sociedade, desguarnecendo seus flancos em alguns momentos e permitindo que outros profissionais, oriundos de outras atividades, obtivessem melhores resultados em determinadas áreas que os profissionais de Relações Públicas – potencialmente mais bem instrumentalizados – deixaram de conquistar, pela característica histórica da atividade. Isso pode ter ocorrido, entre outros motivos, pelo posicionamento de Relações Públicas, muitas vezes ligado somente a propostas de resultados qualitativos, talvez deixando de dar o devido valor à quantificação de resultados e à relação custo-benefício nas atividades de comunicação e de Relações Públicas.

De acordo com os profissionais ouvidos, para o terceiro milênio apontam-se perspectivas muito favoráveis. De um processo de potencial letargia a uma reviravolta – cujo limite pode ter sido a proposta de revisão da regulamentação resultante do Parlamento Nacional de Relações Públicas, realizado no fim da década de 1990, pelo Conselho Federal dos Profissionais de Relações Públicas (Conferp) –, a profissão Relações Públicas encerra um período histórico fazendo uma nova leitura de sua condição ao longo do século: suas primeiras manifestações nos Estados Unidos[8], sua chegada ao Brasil, sua regulamentação brasileira, sua atuação durante anos-chave do país, como o regime militar, o início do processo de internacionalização das agências e a auto-revisão de sua regulamentação.

Seu início, no começo do século XX, por intermédio de gerenciamento de crises refletidas pelo confronto entre opinião pública e interesses de megaempresários, mostrou o potencial que veio se desenvolvendo ao longo dos últimos cem anos. Sua chegada ao Brasil (formalmente em 1914[9]) ainda não deixava clara sua potencialidade, e a regulamentação não foi ao encontro da situação sociopolítica do momento.

A chamada globalização[10] acabou por refletir nesse cenário, influenciando a forma de agir das organizações especializadas em Relações Públicas. A abertura da discussão sobre a regulamentação – um debate de grande polêmica –, mesmo desagradando a uma parcela da classe profissional, pode ter vindo reacender a discussão da própria situação da profissão.

Pensamos que esse movimento possa vir a significar a sedimentação dos pensamentos favoráveis ao futuro da profissão, externado pelos profissionais escolhidos por terem contribuído com a profissão com a edição de livros resultantes de pesquisas de pós-graduação, além da própria atuação profissional e acadêmica, que lhes dá inegáveis condições para emitir posicionamento a respeito dessa questão.

Pensamos que haja relação direta entre mercado e academia. As instituições de ensino superior têm enorme responsabilidade nos acontecimentos da profissão. Os intelectuais que se dedicam ao desenvolvimento das teorias ligadas a uma atividade, que colaboram no

---

8. De acordo com a literatura voltada à evolução histórica de Relações Públicas, foi Ivy Lee, nos Estados Unidos, o primeiro a utilizar formalmente as políticas de Relações Públicas, em especial na administração de conflitos – destaca-se, aí, a Greve do Colorado, de acordo com Peruzzo (1986).
9. Instalação do primeiro departamento de Relações Públicas pela Light & Power, em São Paulo, por Eduardo Pinheiro Lobo (Peruzzo, 1986).
10. "A sociedade contemporânea corresponde a uma nova configuração: formação social que certamente possui suas raízes históricas, mas que hoje se consolida como um outro patamar" (Ortiz, 1997).

fortalecimento do pensar, capacitam o querer-saber-poder-fazer[11] da profissão e criam as alternativas de desenvolvimento para o mercado a partir da formação de valores que serão levados ao mercado pelos egressos dos bancos universitários e pela proposição a esse mesmo mercado de trabalho de uma autocrítica e de um processo de reciclagem constante.

Acreditamos que a universidade e seus intelectuais de fato têm colaborado na ampliação da oferta de obras literárias na área de Relações Públicas, o que nos leva a dedicar o próximo capítulo a essa reflexão, colocando em destaque o papel desses cursos de formação e dos responsáveis pelo desenvolvimento formal do pensar.

---

11. O querer aqui é entendido como o próprio desempenho, o saber-poder é o desenvolvimento de competência e o fazer é a sanção do processo.

2

A PRODUÇÃO INTELECTUAL NAS UNIVERSIDADES

Diante da reflexão sobre o cenário das Relações Públicas, em um momento de ruptura cronológica e de uma reflexão sobre o pensamento da própria atividade, como nos propusemos no capítulo anterior, julgamos ser necessário dar continuidade a essa análise de perspectivas – relacionadas diretamente com a evolução da profissão – com base em observações sobre a produção intelectual na área de Relações Públicas –, seus intelectuais e suas escolas.

De acordo com Gramsci (1995), as escolas contribuem para a sociedade e esta indica-lhes os caminhos para efetivarem essa contribuição. Tanto mercado como escola (universidades, faculdades e todos os demais níveis) não são estanques, recebem da sociedade impulsos e retornam a esta com resultados – de reflexão teórica ou de caráter prático, permitindo a práxis da profissão.

Pensamos que na área de Relações Públicas a produção intelectual brasileira ainda não tenha alcançado a necessária suficiência –

opinião formada com base na produção de livros e pesquisas. O número de livros é relativamente pequeno, se comparado à história da profissão, ao número potencial de praticantes – que enuncia uma demanda satisfatória de consumidores – e ao volume de pesquisas específicas desta área. Na sétima edição do *Guia brasileiro de Relações Públicas* (1997) são enunciadas 61 obras publicadas sobre Relações Públicas, entre nacionais e traduzidas. A partir do ano da primeira edição de uma obra nacional, 1962, até a sétima edição do guia, foram publicados em média por ano 2,5 livros dirigidos às Relações Públicas.

Isso nos leva a pensar que a produção da área, apontada aqui como ainda não suficiente, tenda a permanecer nessa situação por mais tempo. Não há necessariamente uma política de encaminhamento de alunos da graduação à pós-graduação, o que pode gerar um intervalo em seu processo de desenvolvimento e diminuir o potencial de pesquisa na área.

O não-aumento no universo de pesquisadores pode resultar na proporcional estagnação da produção de pesquisa e de publicações, contribuindo para a manutenção da atual baixa produção de literatura na área específica de Relações Públicas. Há, ainda, publicações na área que podem não ser identificadas ou reconhecidas como tal. Publicações de áreas correlatas também nem sempre são catalogadas e reconhecidas como dirigidas à área de Relações Públicas.

Os dois cursos de graduação escolhidos para a nossa pesquisa – da USP e da Cásper Líbero – possuem cada qual um veículo de comunicação dirigida. O boletim *Integração*, da USP, feito por alunos, não tem regularidade e tampouco destina-se à pesquisa – trata-se de um veículo de caráter informativo.

Quanto à Cásper Líbero, o seu curso de Relações Públicas edita desde 1999 a revista *Ação*, embora ela não tenha uma periodicidade regular.

Trabalhos de iniciação científica passaram a ser objeto da ação da Casper Líbero a partir da criação do centro de pesquisas, já na década de 2000. Na USP, por tratar-se de uma universidade pública, a iniciação científica acontece pelo menos desde a década de 1980, de maneira regular, segundo a professora doutora Margarida Kunsch. Se em uma universidade pública o conceito de pesquisa é mais natural, o fato de uma instituição privada implantar uma área explicitamente destinada a esse fim é um ponto positivo e estimulante ao crescimento de trabalhos voltados às Relações Públicas.

Sobre os cursos de pós-graduação dessas mesmas instituições, foram colhidos depoimentos dos então coordenadores de pós-graduação da Cásper Líbero, professor doutor Mitsuru Higuchi Yanaze, e da USP, professor doutor Waldir Ferreira.

A Cásper Líbero tem um programa de mestrado ainda jovem, iniciado em 1997. Dentre as linhas temáticas de pesquisa oferecidas existe a de Relações Públicas. No *stricto sensu*, todavia, não há professores com formação na área. Não se pode deixar, contudo, de esclarecer que a instituição mantém entre seus docentes profissionais cujas pesquisas de pós-graduação estejam (ou estiveram) voltadas à área de Relações Públicas.

Isso mostra um panorama específico, que pode não ter maior significado ou talvez possa representar uma pequena oferta de mão-de-obra qualificada para lecionar em cursos de pós-graduação cuja formação original seja em Relações Públicas, remetendo-nos à questão da possível inexistência de um encaminhamento mais estruturado à pesquisa nos dois cursos apontados entre os melhores do Brasil.

Na USP, na linha de pesquisa de "Comunicação Institucional: políticas e processos", nem todos os docentes têm formação original em Relações Públicas. Aqui encontramos um fator que acreditamos valha uma reflexão: os demais professores dessa linha de pesquisa que não têm formação original em RP dirigiram suas pesquisas de pós-graduação para essa área.

Isso vai ao encontro das propostas contidas no documento "Conclusões do Parlamento Nacional de Relações Públicas", produzido pelo Conferp (veja Anexo III). No documento podemos encontrar a proposta de que a designação – e o exercício – da profissão de Relações Públicas passe a ser, dentre outros, privativa

> dos que possuírem formação superior em qualquer área de conhecimento e obtiverem o título de pós-graduação, *lato* ou *stricto sensu*, em Relações Públicas, em curso ministrado por escola reconhecida e que mantenha regularmente o curso superior de Relações Públicas[12] (Art. 1º, letra "c").

Essa abertura causa controvérsia entre os envolvidos na área de Relações Públicas, mas pode ser vista como elemento positivo a uma possível evolução da profissão.

Todos os professores da pós-graduação do Departamento de Relações Públicas, Propaganda e Turismo (CRP) da Escola de Comunicações e Artes (ECA), da USP, na linha de pesquisa ligada à comunicação institucional, mantêm pesquisas dirigidas às Relações Públicas. Isso nos parece um demonstrativo de clara preocupação em levar adiante a qualificação do programa de pós-graduação, que se apresenta bastante especializado.

A produção de livros resultantes das dissertações e teses na USP não é conhecida por não existir controle sobre ela. De acordo com o então coordenador de pós-graduação dessa escola, o professor Waldir Ferreira, seria interessante que a instituição pudesse tornar obrigatória a publicação de todas as pesquisas antes mesmo de sua apresentação às Bancas Examinadoras. Se isso realmente se efetivasse, a ampliação da literatura especializada na área de Relações Públicas teria um salto quantitativo substancial e poderia permitir, também, em função da oferta, um salto qualitativo. Não podemos esquecer, contudo, que a publicação de livros segue os critérios de mercado, tanto em editoras notadamente com fins comerciais quanto em editoras que estejam ligadas a universidades.

---

12. Conclusões do Parlamento Nacional de Relações – Conselho Federal de Relações Públicas.

Na Cásper Líbero, por tratar de pós-graduação ainda recente, iniciou-se a publicação de livros a partir da década de 2000, mas nenhuma obra diretamente ligada a Relações Públicas.

Ao contrário da ECA, que passa a ter uma revista exclusiva para a pós-graduação a partir de 2004, a Cásper Líbero mantém duas publicações semestrais exclusivas já tradicionais da pós-graduação. Uma, inclusive, destina-se a publicar somente artigos de alunos – a revista *Thésis* – e a outra dirige-se aos trabalhos dos docentes – a revista *Líbero* (veja Tabela 1). Há ainda, nesta instituição, a *Communicare*, revista destinada à área de pesquisa criada pela escola.

Tabela 1 – Publicações da pós-graduação Cásper Líbero

Edição nº	*Líbero* (*) Total de Artigos	*Líbero* (*) Artigos sobre RP	*Thésis* (**) Total de Artigos	*Thésis* (**) Artigos sobre RP
1			9	1
2	13	0	9	0
3-4	12		–	–

(*) Primeira publicação no 1º semestre de 1998.
(**) Publicação iniciada no 2º semestre de 1998.

Nenhuma das duas instituições possui vínculo formal com editoras para o intermédio de publicação dos trabalhos resultantes dos cursos de pós-graduação, o que dificulta ainda mais a publicação de obras resultantes das pesquisas de mestrado ou de doutorado. Todavia, entendemos mais uma vez tratar-se também de uma questão de mercado. O que pode parecer é que não haja demanda, com o que não concordamos. O estabelecimento de convênios seria muito bom. Ainda que não fossem garantir a publicação, ao menos facilitariam o acesso dos autores –, muitas vezes pouco informados – às editoras.

Boa parte dos livros existentes sobre Relações Públicas é oriunda de pesquisas acadêmicas. Há, entretanto, importantes profissionais, atuantes em organizações empresariais, cujos trabalhos foram transformados em livros, ainda que em pequeno número. Dois exemplos clássicos são *De portas abertas*, no qual Walter Nori e Célia Valente retratam a experiência de abertura à opinião pública da multinacional Rhodia – empresa do setor têxtil e químico –, e *O cliente tem mais do que razão*, que relata as experiências de Vera Giangrande e José Carlos Figueiredo, ambos *ombudsman* do Grupo Pão de Açúcar, grande rede de supermercados.

No Brasil o pioneirismo na área literária de Relações Públicas cabe ao professor Cândido Teobaldo de Souza Andrade, autor do livro *Para entender Relações Públicas*, publicado em 1962, primeira obra do gênero de um autor brasileiro.

Continuamos a perceber a publicação de livros, traduzidos ou de autores nacionais, mas em nossa opinião estes ainda não apresentam o crescimento que se poderia esperar (veja Tabela 2) em função do crescimento acentuado de cursos de graduação e de pós-graduação ocorido na última década. As dissertações e as teses – de doutorado e livre-docência – podem vir a apresentar crescimento substancial a partir da primeira década do ano 2000, em função exatamente da ampliação do mercado de trabalho e da abertura de cursos, como citamos.

Tabela 2 – Produção em Relações Públicas

	Livros*	Teses**	Dissertações
Década de 1970	14	4	4
Década de 1980	20	3	26
Década de 1990	18	9	15

Fonte: Kunsch (1999, p. 137-159).
(*) Neste item são incluídos livros relacionados a Relações Públicas e à comunicação organizacional.
(**) Incluem-se teses de doutorado e de livre-docência, além de teses das áreas de Relações Públicas e de Comunicação Organizacional.

Nas Relações Públicas encontramos uma sensível porém acapachada distância entre mercado e academia. De acordo com o professor Gutierrez Fortes:

> por ser uma atividade (as Relações Públicas) que comporta inúmeras interpretações, os seus praticantes, normalmente,

não gostam muito de divulgar o que fazem no dia-a-dia do seu trabalho, não permitindo uma verificação de consistência do que acontece no mercado de trabalho da área. [...] A pesquisa é incipiente e em volume muito baixo para trazer realmente uma contribuição além daquela oferecida pela academia.

A sociedade – inclusive a classe empresarial –, muitas vezes carente de informação, pode guiar-se por idéias como a expressa por Gramsci (1995, p. 125): "As academias são o símbolo, ridicularizado freqüentemente com razão, da separação existente entre a alta cultura e a vida, entre os intelectuais e o povo".

Isso ocorre em diversas áreas, não é um fato pertinente apenas às Relações Públicas. Para Gramsci (1995, p. 126), "a organização acadêmica deverá ser reorganizada e vivificada de alto a baixo".

Quanto à produção de obras literárias em Relações Públicas, vemos que os profissionais atuantes na área organizacional apresentam baixa multiplicação de seus feitos, não popularizando e integrando a atividade. Os profissionais que atuam na academia, por outro lado, ainda apresentam relativa baixa produção de maior alcance, mais acessível, restringindo-se, por vezes, aos pequenos grupos com os quais interagem ou publicando-os em eventos científicos, o que, na maior parte das vezes, não permite que cheguem à grande maioria dos potenciais interessados.

Um possível lenitivo para essa questão poderia ser o aumento na tradução de obras, principalmente dos Estados Unidos, de acordo com o professor Fortes. A importação da tradição literária de outros países poderia ser uma alternativa boa para o mercado editorial. Contudo, esse caminho esbarra em duas questões primordiais.

A primeira é a que se refere a custos relativos à tradução e ao pagamento de direitos autorais, somados aos custos diretos de produção, de divulgação e de circulação. A segunda diz respeito ao fato de estarmos diante de um cenário que nos potencializa a ter nossas próprias obras. Imaginamos haver massa crítica para uma alteração no atual quadro literário de Relações Públicas no Brasil com nossos próprios instrumentos. Não descartamos, todavia, a imensa e inestimável contribuição que receberiam os profissionais se lhes fosse alargado o acesso às pesquisas e às obras estrangeiras, em língua portuguesa.

A produção científico-intelectual em Relações Públicas acompanha um possível sintoma genérico: a imensa especialização das diversas áreas do conhecimento traz-nos a pulverização de trabalhos, incrementando ainda mais as atividades científicas e profissionais, mas podendo contribuir para a escassez de literatura dirigida a essas áreas. Gramsci (1995, p. 117) afirma o seguinte:

> Todas as atividades práticas se tornaram tão complexas, e as ciências se mesclaram de tal modo à vida que toda atividade prática tende a criar uma escola para os próprios dirigentes e especialistas e, conseqüentemente, tende a criar um grupo de intelectuais especialistas de nível mais elevado, que ensinam nestas escolas. Assim, ao lado do tipo de escola que poderíamos chamar de "humanista" [...], destinado a desenvolver em cada indivíduo [...] a cultura geral ainda indiferenciada, o poder fundamental de pensar e de saber se orientar na vida, foi-se criando paulatinamente todo um sistema de escolas particulares de diferente nível, para inteiros ramos profissionais ou para profissões já especializadas e indicadas mediante uma precisa individualização.

Esse raciocínio, relativo às Relações Públicas, calca-se no encaminhamento para algumas segmentações possíveis, para determinados recortes dentro da própria profissão, como algumas linhas de pesquisa lideradas por certos intelectuais deste segmento que desenvolvem novas terminologias ou novas especificidades, como as chamadas comunicação empresarial, comunicação institucional, comunicação organizacional, dentre outras, que buscam um caminho que nos parece muito próximo às Relações Públicas, mas em paralelo talvez possa fragilizar o espírito de corpo da própria profissão – um problema já apontado neste livro –, multiplicando os focos de produção e diminuindo a potencialização da profissão. Por outro lado, essa situação pode ser vista como a criação de uma rede de trabalho, gerenciando segmentações que agregariam valor à atividade-mãe.

Assim, estamos de acordo com a idéia de Gramsci, de uma criação contínua de diferentes níveis de especialização dentro de uma mesma atividade. Contudo, não é algo controlado, racional, "esse processo de diferenciação e particularização ocorre de um modo caótico, sem princípios claros e precisos" (Gramsci, 1995, p. 118). Isso pode levar uma profissão ou uma sociedade a não conseguir alcançar objetivos claros ou implícitos, visto que pode dividir esforços.

Pensamos que esse fenômeno de particularização que carece de claras características pode ter sido responsável pelas atividades universitárias brasileiras em alguns momentos e pelas Relações Públicas, contribuindo para uma profissão que surgiu antes de existir um processo científico que lhe desse forte estrutura. Acreditamos que esse movimento ainda reflita no modo de ser da atividade.

Quanto à produção intelectual nas universidades, Gramsci (1995, p. 125) acrescenta que

> em um novo contexto de relações entre vida e cultura, entre trabalho intelectual e trabalho industrial, as academias deverão se tornar a organização cultural (de sistematização, expansão e criação intelectual) dos elementos que [...] passarão para o trabalho profissional, bem como um terreno de encontro entre estes e os universitários.

Pensamos que essa colocação define o papel que acreditamos caiba aos intelectuais, em especial aos de Relações Públicas, passando a contribuir para a harmonia da demanda socioempresarial com a oferta científica e profissional da área. Para que isso aconteça, portas devem ser abertas e o encontro da academia e do mercado deve acontecer permanentemente, sendo avaliados os acontecimentos que geram as necessidades e questões, solúveis ou gerenciáveis por Relações Públicas. É necessário o correto posicionamento da responsabilidade da pesquisa como reflexo do que deve ocorrer no mercado. A pesquisa deve ser orientada, por outro lado, de acordo com os fatos da sociedade, não devendo isolar-se em cantos escuros, que não reflitam os movimentos da sociedade. A integração entre realidade e pesquisa deve levar a uma maior contribuição no desenrolar das relações sociais e ao desenvolvimento das profissões em questão.

Após a reflexão sobre os intelectuais, pensamos ser necessária uma análise mais detalhada sobre o papel dos intelectuais de Relações Públicas, das pesquisas e das obras resultantes dessas pesquisas, avaliando as possíveis formas de contribuição que tem recebido a profissão. No próximo capítulo, então, vamos debruçar-nos sobre o perfil da profissão, objetivando conhecer melhor o cenário e seus encaminhamentos.

3

FUNÇÕES E CONTRIBUIÇÕES DOS INTELECTUAIS DE RELAÇÕES PÚBLICAS

Após a análise sobre os intelectuais e as instituições de ensino realizada no capítulo anterior, é lícito agora pensar o papel desses intelectuais na evolução – e formatação – da profissão.

No Brasil não existem muitos profissionais de Relações Públicas conhecidos do público em geral, dito populares. E mesmo entre os praticantes e conhecedores da área, esse número também é restrito.

O que leva de fato um profissional de Relações Públicas a alcançar maior destaque entre seus pares é a sua atuação no mercado ou a sua contribuição acadêmica, em especial pela produção de livros.

Sem dúvida o nome que mais se destacou foi o do professor Cândido Teobaldo de Souza Andrade, presente em todos os momentos-chave da atividade. Relembramos que ele foi o primeiro no Brasil a escrever uma obra no gênero – *Para entender Relações Públicas* –, publicada em 1962 (Kunsch, 1997). Sentimos essa contribuição como altamente positiva, mas pensamos que possa ter sido responsável pela inibição de produção por outros autores. Além disso, o professor Teobaldo ainda integrou o grupo que elaborou a regulamentação e também participou diretamente da revisão dessa regulamentação, compondo a equipe de preparação das conclusões do Parlamento Nacional de Relações Públicas.

Com dois pontos polarizantes de pesquisa na área ao longo de muitos anos – a Universidade de São Paulo e a Universidade Metodista de São Paulo –, as Relações Públicas têm ganhado novos espaços para sua discussão e seu crescimento. Outros centros de conhecimento têm aberto suas portas a seu estudo e permitido o aparecimento de intelectuais interessados em contribuir para o processo de evolução da profissão.

Fora do eixo Rio de Janeiro-São Paulo, podemos destacar o reconhecido trabalho realizado na Universidade Estadual de Londrina (UEL) e na Pontifícia Universidade Católica do Rio Grande do Sul (PUC-RS), em sua Faculdade dos Meios de Comunicação (Famecos). Nessas duas instituições, dois nomes podem ser destacados, dentre outros. Na UEL temos o trabalho do professor doutor Waldyr Gutierrez Fortes, cuja tese de doutorado resultou no livro *Transmarketing: estratégias avançadas de Relações Públicas no campo do marketing*, de 1999. Já na Famecos encontramos o professor doutor Roberto Porto Simões, defensor da necessidade de estudar as Relações Públicas como ciência, proposta que apresenta em sua obra *Relações Públicas: função política*, de 1995, também resultado de sua tese de doutorado. Outros intelectuais podem ser citados, mas sempre com o risco de não se fazer justiça e olvidar-se algum.

Para a professora doutora Cristina Giácomo, a contribuição dos relações-públicas para a profissão tem tido um movimento positivo, mas ainda insatisfatório. A professora doutora Sidinéia Freitas concorda com a insuficiência de pesquisas. Ela acredita que quem acaba apontando mais caminhos é o próprio mercado. "A universidade não tem se dedicado muito, exceto para a produção intelectual. A evolução, em termos de mercado, quem dá mais dados é o próprio mercado", diz ela.

A professora doutora Margarida Kunsch acredita que

> as pesquisas são muito inexpressivas. Precisaríamos ter muito mais estudos de caso, pesquisas de campo. Infelizmente muita gente vem para a pós-graduação estudar e acaba não trabalhando o tema. Trabalham com outras coisas. Principalmente as teses de doutorado, que deviam trazer uma contribuição nova, nem todo trabalho converge para isso. Eu diria que é uma minoria que se preocupa em contribuir para a evolução da profissão. São quase sempre as mesmas pessoas. Os profissionais que estão bem no mercado, que têm cargos de direção, não têm um trabalho agressivo de contribuição para a melhoria da categoria, para a melhoria da identidade da profissão. [...] deveria existir muito mais união, um trabalho de maior cultura corporativa – não do corporativismo – envolvendo a questão ética, a questão científica. E o mercado em si é muito sufocante.

Mais uma vez encontramos a já citada separação entre mercado de trabalho e academia. Podemos concluir que haja uma linha fina imaginária que separa a atividade em alguns setores cuja interdependência é indiscutível, e o questionamento da situação é tácito, levando à manutenção do *status*. Academia e mercado não se equilibram; produção editorial e mercado editorial não se harmonizam. O desequilíbrio pode ser resultado da falta de movimento convergente, planejado e contínuo, essência das Relações Públicas e que não se efetivam em seu interesse.

Por outro lado, a atividade está sendo exaustivamente pensada por alguns de seus maiores expoentes, há consciência sobre a necessidade de reposicionamento, de busca de equilíbrio e de união de forças.

Sentimos, com as entrevistas realizadas, que está clara para os entrevistados a divisão entre profissionais exclusivamente dedicados ao mercado de trabalho – e por conseqüência distanciados dos processos formais de evolução intelectual da profissão – e os intelectuais voltados a essa atividade. Ao mesmo tempo percebemos que o sentimento é de que isso deva e possa mudar.

4

O PAPEL DAS RELAÇÕES PÚBLICAS NAS ORGANIZAÇÕES

A própria origem da atividade profissional de Relações Públicas repousa no gerenciamento de questões pertinentes à vida organizacional. Até aqui vimos a atividade sob o ponto de vista intelectual, mas sempre relacionado ao desempenho no mercado de trabalho, agora vamos ater-nos à compreensão dos processos de relacionamento inscritos nas organizações de toda ordem.

Cabe questionar a forma em que estão relacionados poder e cultura nas organizações e de que modo ambos interagem. Analisar as organizações contemporâneas à luz do estudo de suas formas de poder e conhecendo sua cultura é buscar o refinamento dos processos que explicam sua razão de ser. Nesse contexto, Simões (1995, p. 35) define a essência de Relações Públicas como "a relação de poder entre a organização e seus públicos e cuja aparência é a comunicação entre esses dois componentes do sistema social", relacionamento caracterizado dentro da micropolítica organizacional.

Com a crescente onda de globalização da economia, passamos a ter, por mais distintas que sejam as estruturas sociais, econômicas e culturais, uma aproximação muito grande de todas as partes do mundo. As organizações, públicas e privadas, sentem cada vez mais de perto as conseqüências dessa movimentação.

Assim, é possível entender que o poder seja não só o que se perpetra no interior da organização, mas também o poder que uma organização tem sobre outra e como a inter-relação delas atua no conjunto e nos resultados de cada qual. A cultura, por sua vez, deve estar relacionada ao significado da organização ou, numa leitura mais adequada, a imagem deve refletir os traços culturais de uma organização como sincero retrato da sua identidade.

Os processos de credenciamento da organização perante seus públicos e a formação do conceito público e dos reflexos que advirão desse movimento passam pelos processos de relacionamento entre instituições – públicas, privadas ou sem fins lucrativos – e seus públicos, mediados pelas políticas de Relações Públicas.

Definindo as organizações

Segundo Srour (1998, p. 108), pode-se definir organização como "agentes coletivos, à semelhança das classes sociais, das categorias sociais e dos públicos [que] são planejadas de forma deliberada para realizar um determinado objetivo". O *Novo Dicionário Aurélio* (Ferreira, 1975, p. 1005), em uma de suas definições, enuncia que organização é "associação ou instituição com objetivos definidos".

Como variações dos tipos de organização, quanto à sua constituição e a seus objetivos, podemos citar primordialmente organizações públicas, privadas, sem fins lucrativos, filantrópicas e organizações não-governamentais (ONGS). Todas têm características muito específicas, que as distinguem, como também são diferentes entre si as que pertencem a uma mesma categoria.

Os mais antigos estudiosos da administração, como Fourier, Morelly, Blanc, Saint Simon, passando pelos tradicionais Taylor e Fayol, analisavam primordialmente a estrutura das organizações. A partir de Elton Mayo, já na terceira década do século XX, iniciou-se o questionamento sobre as relações humanas. Ele deu algumas das primeiras contribuições a essa temática, seguido principalmente por Follet e Barnard, que, no seu estudo da "Autoridade e Comunicação", defendia que "as pessoas têm motivações individuais e cooperam com os outros para atingir certos propósitos" (*apud* Park, 1997).

A visão mecanicista, que define a organização como estrutura rígida, foi deixada de lado pelos estudiosos – como Fritjof Capra –, que propuseram a chamada visão sistêmica, pela qual as organizações são vistas como organismos vivos, as quais se desenvolvem e adaptam-se aos impulsos da realidade. Segundo Capra (*apud* Regis; Moggi, 1994, p. 138-39), "o controle não é a melhor abordagem, mas sim a cooperação, o diálogo e a colaboração"), deixando claras as suas posições sobre o poder e suas manifestações no âmbito organizacional.

Vivia-se, no final do século XX, um momento de busca incessante pelo conhecimento da organização, em que os *staffs* procuravam prioritariamente a essência de suas corporações[13]. A política, em seu sentido mais amplo, deve ser assumida como elemento de formatação de todos os caminhos da organização, responsável pelas relações inerentes aos processos sociais organizacionais, demarcados pela cultura e pelas relações de poder ali encontradas.

---

13. Aqui a palavra *corporação* remete à idéia de organismo, defendida pelo conceito de visão sistêmica.

A intervenção do poder

> O príncipe deve ser ponderado em seu pensamento e ação, não ter medo de si mesmo e proceder de forma equilibrada, com prudência e humildade, para que a excessiva confiança não o torne incauto, nem a exagerada desconfiança o faça intolerável.
> Nicolau Maquiavel (1996, p. 80)

O poder deve ser visto como a possibilidade de decidir, de estar em posição privilegiada em relação a determinado grupo. Na organização "o poder é uma relação social, não uma posse unilateral" (Srour, 1998, p. 135). E ainda "as relações sociais, internas às organizações, articulam classes sociais e categorias sociais, e dizem respeito aos processos de produção econômica, política e simbólica" (Srour, 1998, p. 112), em que as classes sociais são, nesse aspecto, empresários, gestores ou trabalhadores, as categorias sociais são definidas por gênero, raça, etnia, religião, condições de atividade etc. e, ainda nessa conceituação, cabe destacar os públicos, grupos de pessoas que têm interesses e objetivos comuns que os unem, podendo ser clientes, fornecedores, eleitores, correntistas etc.

O poder está ligado às relações sociais, uma vez que é a partir delas que se faz presente e necessário, atuando nos "processos de controle, de articulação, de arbitragem e de deliberação" (Srour, 1998, p. 134).

Dos princípios defendidos por Maquiavel em sua obra *O príncipe* (1996), de que o poder deve ser conquistado e quaisquer possibilidades de que esse poder fique em xeque devem ser combatidas com a força e a imediatez necessárias a dizimar na raiz quaisquer oposições, temos no modo de mediação entre comandante e comandados, nas organizações contemporâneas, a negociação como elemento-chave. O poder hoje se manifesta, ainda, sob diversas formas. Mas a força não é um modo exeqüível de manutenção do poder, ainda que nem todas as organizações tenham suas atividades pautadas por princípios bem mais adequados a nossos dias, como os defendidos por estudiosos como Capra.

Nesse processo de intermediação política, Trindade (*apud* Simões, 1995, p. 37) diz que

> toda organização, seja ela qual for, além dos seus objetivos específicos [...] é um subsistema social no interior da sociedade global. Enquanto subsistema social possui, em seu interior, relações sociais que se denomina relação política.

A liderança pode ser vista como o fator determinante na atualidade. As organizações tendem a buscar a chamada profissionalização de gestão, o que se manifesta quando "a detenção do poder, que está em mãos dos proprietários, fica dissociada do exercício do poder, concedido aos gestores assalariados" (Srour, 1998, p. 149), os quais são escolhidos como representantes dos interesses dos reais detentores do poder, os proprietários, que delegam seu exercício. Contudo, é importante frisar que não somente cargos delegados devem ser avaliados nas relações de poder nas organizações, já que "a liderança transcende cargos ou posições formais, não carece de institucionalização, decorre da sintonia 'espontânea' e informal estabelecida entre líderes e seguidores" (Srour, 1998, p. 151). O poder de delegar cargos e funções é mantido nas mãos de proprietários e de gestores.

A liderança, por outro lado, é obtida de forma natural e espontânea, por motivos diversos, pelos próprios grupos para os quais o líder se torne referência.

A disputa pelo poder e domínio dos espaços, físicos e sociais, amplia-se quando se percebe que a autoridade do poder divide-se em várias instâncias, entrando em conflito pelos bens que a organização pode proporcionar a cada um (salários, benefícios) bem como pelo *status* que se busca dentro da relação social no microcosmo organizacional.

Cultura, transformação e aculturação organizacional

Definamos cultura como "um conjunto de padrões que permitem a adaptação dos agentes sociais à natureza e à sociedade à qual pertencem, e facultam o controle sobre o meio ambiente" (Srour, 1998, p. 174) ou, segundo Vera Giangrande e José Carlos Figueiredo (1997, p. 61): "cada empresa tem sua própria cultura, formada por normas e procedimentos que regem a conduta dos funcionários".

A identidade da organização, diferente do conceito que se tem dela, como dito anteriormente, é definida por sua cultura organizacional, responsável por dar o eixo necessário à união dos membros dessa sociedade em torno de objetivos, ações e comportamentos. Cabe lembrar, com Srour (1998), que cada agrupamento social, inclusive aqueles presentes nas organizações, tende a superestimar seus padrões de comportamento, desprezando outros, o que pode ser um elemento que dificulte ou até mesmo facilite os processos de mudança, que, em muitos casos, são vistos como ameaças e não como oportunidades.

Todos os processos decorrentes do convívio social na organização são marcados pelos traços culturais dela. Geri-la, conviver em seu interior, obter a participação e o apoio dos grupos deverá ser precedido do processo de compreensão e aprendizagem de seu modo de agir.

As organizações contemporâneas, no fim do século, diante das rápidas modificações ocasionadas pelo processo de globalização devem, antes de tudo, preparar-se para constantes e cíclicas mudanças. Para estar à testa dessas, é necessário que seja dada a necessária atenção à cultura e que entre em cena não apenas a figura do gestor, mas do agente de transformação, capaz de administrar a visão maniqueísta de que a mudança deve necessariamente trazer perigo ou tão-somente oportunidade.

Segundo o tratado chinês "I Ching o livro das mutações", a mudança pode trazer o risco de perdas, mas oferece, ao mesmo tempo, oportunidades. O agente de transformação deve, pois, "preparar as pessoas, por meio de processos educacionais, para que respondam criativamente ao *stress* e às demandas que todo processo de mudança necessariamente traz" ("Como você aborda as mudanças", 1995).

Se no processo de transformação é importante levar em conta a cultura da organização, no processo de "aquisição" de novos parceiros, gestores, funcionários ou colaboradores, também deverá sê-lo. Ainda de acordo com Giangrande e Figueiredo (1997, p. 61):

> a aculturação do novo colaborador envolve a compreensão das normas e dos procedimentos que norteiam a empresa, culminando em sua aceitação por parte do grupo [...] sem mencionar o fato de que, ao deixar uma empresa para trabalhar em outra, o funcionário demora algum tempo para desvincular-se emocionalmente da anterior.

Esses autores defendem também que os processos administrativos deveriam ser aculturados pela organização.

Organizações que aprendem

Dentro do conceito de evolução ou transformação, podemos frisar a idéia da organização sistêmica como elemento capaz de gerar autodesenvolvimento, são as chamadas *learning organizations* (organizações que aprendem). Segundo Charles Handy (1992, p. 195):

> as empresas necessitam se transformar de forma consciente em empresas de aprendizagem, locais onde a mudança seja uma oportunidade, onde as pessoas possam crescer à medida que trabalham.

Essa transformação citada por Handy tem relação com a própria capacidade da empresa de manter-se "viva" diante das turbulências a que está sujeita, além das exigências que lhe impõe o mercado para que sobreviva.

A transformação consciente significa também não ignorar a realidade e a cultura organizacional existentes dentro da empresa.

> As organizações utilizam diversos modos de criar e maximizar sua aprendizagem. Premissas básicas da cultura organizacional levam a valores de aprendizagem e investimentos que produzem um estilo de aprendizagem diferente de uma cultura organizacional com outro padrão de valores e investimentos. ("Orientando a aprendizagem na empresa", 1995)

Contudo, o investimento na evolução de conceitos, a fim de buscar evolução, mas não se desfazendo da tradição e dos conhecimentos adquiridos ao longo da existência da organização, permitirá mais "oxigênio" na relação interna e com as demais empresas componentes do cenário empresarial.

A influência da comunicação no poder e na cultura da organização

A comunicação passou, nos últimos anos, a desempenhar papel preponderante na vida das organizações. Tanto é verdade que vemos seu deslocamento de vias secundárias para o próprio *staff* das empresas, que passam a tê-la mais perto de si, prova da assunção de sua importância estratégica.

O poder, assim, serve-se das vias de comunicação para criar mais vínculos com o público interno da organização, de modo a influenciar favoravelmente a formação da opinião pública, valorizando a participação do público nos processos decisórios. Nesse momento as Relações Públicas têm papel preponderante, na medida em que podem ser responsáveis pelo elemento motivação, em parceria com as políticas de recursos humanos e agregando valor à marca da própria empresa, fazendo de seu público interno instrumento de fortalecimento. Esse processo espelha diretamente a imagem da organização, ao refletir-se na comunidade, nos meios públicos, entre as lideranças de toda ordem, favorecendo a prevenção do surgimento de crises e, em sua ocorrência, otimizando seu gerenciamento.

Mais uma vez a sintonia entre o poder e as lideranças é fundamental no sentido de efetivar positivamente o processo de formação da opinião por meio da teoria de Lazarsfeld, do fluxo de duas etapas, em que os líderes ou os formadores de opinião influem na forma de absorção das informações dos grupos sobre os quais têm influência (*apud* Barros Filho, 2003).

Cabe à comunicação, instrumento de aproximação entre o poder da organização e sua base e também de acompanhamento da realidade cultural da empresa, mediar os processos dentro da organização. A comunicação organizacional ou empresarial, assim, tem por fim ser o elemento de equilíbrio e transformação nos processos sociais internos das organizações.

Trabalhando os diversos públicos, prioritariamente interno e externo[14], a comunicação deve possibilitar à organização o equilíbrio nas relações do público interno, de modo a repercutir nas relações com o público externo, consumidor da imagem da organização, a qual é reflexo do ambiente organizacional.

No Brasil, a partir de experiências de algumas organizações, programas de portas abertas à comunicação começaram a desempenhar papel muito mais expressivo no tocante à política de transmissão de informações, fazendo com que essas passassem a operar sistematicamente em favor das corporações.

---

14. A maior parte dos autores, principalmente os estrangeiros, dentro da ótica de Relações Públicas, define os públicos ligados à organização como interno e externo. No Brasil alguns autores incluem a categoria de público misto. Outros estudos e definições, inclusive com novas terminologias, têm sido publicadas. Contudo, vamos optar por avaliar o público em duas categorias – interna e externa.

A contribuição das Relações Públicas no processo de comunicação organizacional

Segundo Pinho (1990), as Relações Públicas têm como seu início histórico a administração de conflitos vividos por empresários norte-americanos com a opinião pública, que lhes era desfavorável em função de posturas empresariais alheias aos interesses comuns no começo do século XX. Esse processo levou à constatação da necessidade da administração do binômio organização–opinião pública para a otimização dos resultados empresariais, diretamente ligados ao público e a seus processos de decisão.

Desde esse período, com a utilização das primeiras técnicas de Relações Públicas, verificou-se a contribuição que são capazes de dar para a evolução dos processos de comunicação com os públicos internos das organizações. Isso em função de diversas ferramentas utilizadas pelas Relações Públicas no processo de aproximação entre os interesses das organizações e das classes sociais interagentes em seu contexto. Segundo Ianhez (1994), as Relações Públicas propõem-se harmonizar os interesses do público com os da empresa, o que permite a ocorrência de melhor clima organizacional, ao se mapear o ambiente interno, que varia segundo a motivação de seus agentes. Desse modo, as Relações Públicas permitem que se conheça a situação em que o trabalho se desenvolve, identificando as questões de maior premência.

Ainda de acordo com Ianhez, são as Relações Públicas responsáveis pela busca permanente da conscientização do público interno quanto à responsabilidade que têm pelo conceito da organização percebido pelo grande público, o que resultará na opinião pública. Para obter uma posição mais favorável, é importante para a "empresa [...] gerar para si atenção positiva, ações de apoio e boa vontade de todos os segmentos do público com os quais interage" (Ianhez, 1994).

As Relações Públicas podem ser definidas como gestoras do processo de comunicação organizacional no momento em que são capazes de aproximar o processo de comunicação da cúpula diretiva, o que é cada vez mais necessário como elemento facilitador do processo de aproximação dos interesses da empresa com os de seus públicos. Sua atuação deve ser ágil e permanente. Além de participar no processo de qualificação e assessoramento do *staff*, devem criar vínculos efetivos com os diversos públicos, trazendo para dentro da organização as questões da comunidade, de modo a criar interação da cultura da organização com os públicos circunvizinhos, adequando a organização à realidade do compromisso social, necessidade crescente para as empresas cujo objetivo é o bom relacionamento com a opinião pública.

As organizações não podem buscar somente lucro ou subsistência. A necessidade do compromisso com causas de relevância social é crescente. Contudo, deve ficar claro, todo o tempo, que cada membro da organização, independentemente da classe que ocupe socialmente na pirâmide organizacional, deve estar integrado e comprometido, criando o sentimento de equipe e permitindo integração.

Proposta institucional única

É importante que as organizações tenham claros seus objetivos comerciais. Para isso é evidente o papel do marketing[15] para definir de forma precisa a política de proposta única de vendas – o chamado Unique Selling Proposition (USP). Sem ela, falta à empresa a certeza de um compromisso que favoreça os clientes/consumidores e a si própria, o que pode influir em sua credibilidade no mercado.

Cabe colocar aqui, à guisa de esclarecimento, nossa posição sobre a relação entre marketing e Relações Públicas. Pensamos serem atividades complementares. Acreditamos que o marketing, ligado ao pro-

---

15. Adotamos aqui a definição de Philip Kotler (1996), autor mais tradicional desta área de estudos. "Marketing é uma orientação da administração baseada no entendimento de que a tarefa primordial da organização é determinar as necessidades, desejos e valores de um mercado visado e adaptar a organização a promover as satisfações desejadas de forma mais efetiva e eficiente que seus concorrentes."

duto, influi diretamente no processo de compreensão da organização e que as Relações Públicas podem ser capazes de agregar valor à marca e ao produto, por meio do fortalecimento institucional, ampliando o poder das políticas mercadológicas.

Quando transportamos o conceito USP para os princípios da instituição, ele pode continuar tendo validade. Para a obtenção de resultados positivos no campo comercial, a organização deve, antes de tudo, focar seu compromisso institucional, responsável pela sua identidade, a qual deve, por meio de políticas claras de comunicação, estar manifesta no conceito obtido da opinião pública.

Missão, filosofia, objetivos, políticas sociais devem, todos, ser definidos de modo a possibilitar à organização um trabalho contínuo rumo à concretização da definição de seu papel na sociedade. Isso não pode ser visto como modismo ou mesmo como um gasto desnecessário de energia e dinheiro. Muito pelo contrário. O fortalecimento da identidade corporativa da organização leva-a a obter ganhos também do consumidor de seus produtos e serviços, agregando valor à organização e à marca, o que deve repercutir sob a forma de motivação do público essencial, constitutivo e de sustentação (França, 1997).

Segundo Zozzoli (1995), não se pode separar a imagem do produto da imagem da marca, tampouco do conceito que se tenha da organização, pois há claras interfaces entre os itens citados, que caracterizam o conjunto de percepções relativo à organização. Com o crescimento da concorrência em todas as áreas de atuação, incrementada pela força e pelos reflexos da globalização, as empresas urgem por diferenciais e precisam atribuir à sua marca elementos que a destaquem em face da crescente força que tem a consciência do consumidor no momento da aquisição de produtos e serviços.

Com a clara evolução do terceiro setor, as empresas têm procurado buscar nesse segmento diferenciais que tornem a sua marca e os seus produtos mais atrativos, de modo a propor satisfação marginal crescente no processo de consumo de seus produtos e serviços.

Isso fica comprovado com o aumento de empresas na categoria das chamadas empresas-cidadãs[16], que acabam por preencher lacunas deixadas pelo Estado e assumem o papel de parceiras no desenvolvimento das comunidades com as quais se relacionam.

Todo esse processo de valoração da organização, de seus produtos e de sua marca, por meio de uma Proposta Institucional Única, deve redundar na melhoria do clima organizacional e na ampliação da participação no mercado, repercutindo no aumento do *market share*, na fidelização do consumidor e na opinião pública – nesse momento, é mais provável que públicos como imprensa, governo, lideranças variadas tenham mais boa vontade para com a organização.

Para atingir esse estágio, no entanto, faz-se necessário o conhecimento dos elementos constitutivos da organização: poder e cultura, os quais serão os responsáveis pelo estabelecimento e cumprimento dos valores da empresa, ficando, assim, claros missão, filosofia, objetivos e princípio de ação.

Compreender como as organizações e as Relações Públicas estão inscritas nesse contexto está, doravante, relacionado às transformações mundiais, principalmente a partir da globalização da economia, que traz reflexos diretos no formato do mercado e na atuação das organizações.

As Relações Públicas, assim, seja por processos econômicos, seja por processos culturais, precisam perceber seu papel e sua forma de atuação. No próximo capítulo, procuraremos compreender a nova ordem mundial e brasileira para essa atividade, sob a ótica dos processos de inter-relação com as empresas estrangeiras.

---

16. "[...] A empresa é levada a procurar uma nova identidade fundante, uma nova representação, caminhando para uma postura de participação na sociedade que, no limite ideal de reformulação de sua imagem, vem sendo chamada de 'Empresa-Cidadã'" (Projeto..., 1998).

5

INFLUÊNCIAS DA GLOBALIZAÇÃO NA TRANSFORMAÇÃO DAS RELAÇÕES PÚBLICAS

Quando falamos de globalização da economia referimo-nos, de pronto, a transformações nas formas de relacionamento das organizações com seus diversos públicos. Falamos também de alterações diretas no relacionamento desses públicos entre si. A conseqüência direta disso é a modificação nos processos culturais, tanto do ponto de vista macro, na sociedade, como micro, dentro da comunicação das organizações. Ainda que ambas as manifestações não se possam dissociar, vamo-nos ater à busca da compreensão das transformações dentro do universo do microambiente organizacional.

As modificações no mercado de trabalho de Relações Públicas, com o aumento de novas agências, seja por ampliação, transformação, seja por florescimento, como já tratado no primeiro capítulo deste livro, são em grande parte motivadas pelos acontecimentos decorrentes da globalização. Novas empresas têm vindo instalar-se no

Brasil. Com isso trazem sistemas de cultura organizacional próprios. A adaptação deles à realidade de nosso país, bem como o ajustamento da mão-de-obra brasileira às necessidades dessas organizações, é um processo lento que precisa de mediação.

A intermediação das Relações Públicas passa pelo conceito de "glocalização"[17], espécie de adaptação entre os movimentos globais e as características locais, privilegiando e gerenciando a harmonização de diferenças culturais.

De acordo com Ortiz (1997), "alguns analistas de marketing não hesitam em preconizar a existência de um planeta homogêneo, unificado apenas pelos vínculos da sociedade de consumo". Ainda de acordo com Ortiz, isso seria justificado pela idéia de que "em todos os sítios, os indivíduos teriam as mesmas necessidades básicas: alimentar-se, vestir-se, deslocar-se pela cidade, ir ao cinema, fazer compras. Caberia ao mercado e aos bens materiais padronizados satisfazê-las".

O debate verte para o campo da diversidade cultural. Ao mesmo tempo que esses analistas falam de generalização, de pensamento global, sabemos que o mercado carece de adaptar-se à realidade local. Chegamos a paradigmas paradoxais, como integração e diferença, globalização e localização. O conceito de sistêmico recai sobre o planejamento global voltado para a ação local, mediado pelo pensamento sistêmico.

Se nos remetemos ao público externo da organização, as variáveis são ainda menos controláveis – aí se inscrevem aspectos como folclore e cultura popular. Mas vamos ater-nos à cultura interna e suas interfaces com os movimentos globais. Pensemos, então, em questões ligadas a diferenças, revestidas de sentido simbólico e histórico.

O pensar-agir-ser organizacional, carregado por *inputs* trazidos em cada momento pelos funcionários[18], é dinâmico. Isso nos leva a

---

17. Sobre o novo formato de mercado e de inter-relações do mundo globalizado, Matos (1998, p. 45) confirma que "a estratégia passa a ser, ao mesmo tempo, global e local. Os japoneses usam a expressão *glocalize* para descrever essa situação".
18. Hoje algumas correntes ligadas à gestão dos recursos humanos optam por denominar os funcionários como colaboradores ou clientes internos. Pensamos que isso não deva ser apenas uma terminologia, mas sim refletir os relacionamentos entre organização e seu público de funcionários.

pensar que para as Relações Públicas é fundamental valorizar as diferenças e trabalhar na direção que permita compreendê-las.

As organizações não devem trabalhar em conflito entre o novo e as tradições, pois não se pode ignorar o processo de geração e de degeneração dos bens produzidos. O próprio conhecimento leva ao envelhecimento do que foi produzido, mas ao mesmo tempo a base cultural de cada organização é que explicará sua realidade.

Pensar na globalização como influenciadora das Relações Públicas é remeter em um primeiro momento às transformações do mercado de trabalho, visto que os formatos das empresas, de toda ordem, têm mudado atendendo às tendências como diminuição de quadros, de enxugamento, de terceirização e de maximização de retorno dos investimentos.

Em um segundo instante a forma de relacionamento dos públicos com as organizações – movidos por processos como a concorrência (principalmente aquela trazida no bojo da globalização, além da local, da regional e da nacional) e a conquista dos direitos dos consumidores, especialmente com o *Código de Defesa do Consumidor* (CDC), instituído em 1990 – substancialmente, levando a um reposicionamento das Relações Públicas. A vinda de novas formas de pensar organizacional é um fator positivo: em outros países as relações entre a organização e os diversos públicos com os quais interagem são muito mais priorizadas que em nosso país, os públicos têm seus direitos adquiridos há muito mais tempo – inclusive amparados por questões de ordem cultural, que podem ser superiores à questão legal – e os reflexos dessa relação se dão de forma direta na participação de mercado (*market share*), levando as organizações a posicionar-se de forma clara e objetiva.

Pensamos que a globalização permita que as Relações Públicas atendam a uma demanda latente (Kotler, 1996) que parte dos próprios consumidores de produtos e serviços, bem como dos colaboradores das organizações. As novas políticas de relacionamento, calcadas em uma comunicação mais agressiva e de maior responsabilidade para com a sociedade – a lei já ampara essa transformação a partir do

CDC, mas as Relações Públicas podem contribuir fortemente com as questões culturais já citadas –, levam a uma possível demanda plena pela oferta de produtos de RP. De acordo com o professor doutor Roberto Porto Simões:

> a maior função das RP é trabalhar o chamado *issue management* ou *crisis management* (administração de crises ou conflitos) e isso já ocorre. Mas nos próximos anos, com uma gradual mudança de mentalidade, o mercado das RP crescerá substancialmente. (Farias, 1998)

A influência do entorno, seja a comunidade, os consumidores, a concorrência ou o governo, atua eficientemente na própria transformação das organizações. Não se pode pensar as Relações Públicas descoladas, então, desse processo de transformação. Os grandes movimentos políticos, econômicos e sociais causarão, de fato, alterações na maneira de atuar nesse segmento. As agências e as multinacionais influíram e continuarão a fazê-lo no modo de pensamento e de produção das Relações Públicas. Por outro lado, a capacitação do profissional para gerenciar esse processo requisita cada vez mais um olhar centrado na realidade circunjacente.

6

UNIVERSIDADES E EDITORAS — OS LIMITES ENTRE PESQUISA E MERCADO

Diante da análise feita no capítulo anterior, cabe agora uma reflexão sobre a relação entre universidades e editoras, avaliando os papéis e as situações de ambas, tão necessárias uma à outra e presentes em universos aparentemente tão diferentes. Vamo-nos ater às questões ligadas à pesquisa e ao mercado editorial, buscando respostas para otimizar a publicação dos trabalhos acadêmicos e tentar compreender as razões que caracterizam as editoras.

De acordo com os professores-coordenadores dos programas de pós-graduação das instituições pesquisadas para este livro, Cásper Líbero e USP, bem como os coordenadores dos cursos de Relações Públicas das mesmas instituições, não há vínculo direto entre as citadas instituições e quaisquer editoras de modo a regular uma produção efetiva de livros.

O que existe é um relacionamento informal entre os cursos e algumas editoras. Fica clara a falta de vinculação formal, com uma avaliação regular das publicações de trabalhos de graduação e de pós-graduação.

Alguns professores e alunos dos programas de pós-graduação de fato realizam edições de suas pesquisas e vivências. Contudo, isso ocorre de maneira informal, não criterizada por um processo de negociação entre universidade e mercado editorial. Desse modo, não havendo um critério sistemático, a grande maioria das obras – potencialmente interessantes para essa finalidade ou não – deixa de ser transformada em livros e não alcança maior número de pessoas.

Por outro lado, podemos entender esse processo como resultado de políticas de mercado, em que os "produtos" mais bem vendidos chegam às prateleiras sob a forma de livros e o próprio mercado editorial seleciona por critérios próprios as obras que valham a pena ser publicadas, atribuindo um padrão democrático ao processo. Essa análise pode remeter-nos a questionar quais seriam os limites entre pesquisa e mercado. De que modo obter a justa medida nesse sistema, conseguir o equilíbrio e não correr o risco de transformar o processo em tábua rasa?

Podemos aqui levantar a bandeira de que as pesquisas sejam bem delineadas com os interesses de mercado, fazendo com que as obras resultantes sejam potencialmente interessantes para serem transformadas em livros. Mas *pesquisas* muitas vezes patrocinadas por bolsas de estudo oriundas de órgãos públicos deveriam somente atender a interesses de mercado? Ou deveriam de fato atender a interesses de ampliação dos conhecimentos, mesmo que isso não seja necessariamente transformado em *best seller*?

Os questionamentos são muitos e, pensamos, extremamente válidos. A preocupação com a utilidade da pesquisa não deve ser refutada pura e simplesmente, de forma arrogante, pois ela é subsidiada pela sociedade e deve gerar-lhe resultados. Contudo, a outra face, do excesso de utilitarismo, pode transformar sérios e profundos questionamentos em mera produção ditada por interesses de consumo. O equilíbrio deve ter como elementos de compensação diversos outros quesitos, como os próprios interesses do pesquisador.

Fica-nos por certeza a necessidade de um programa de relacionamento estreito e formal entre as instituições de ensino e o mercado editorial, permitindo a integração entre os interesses de ambos. Segundo a professora Margarida Kunsch – autora dos livros *Planejamento de Relações Públicas na comunicação integrada* (Summus), *Universidade e comunicação* (Loyola) e *Relações Públicas e modernidade* (Summus), resultantes de mestrado, doutorado e livre-docência, e também organizadora do livro *Obtendo resultados com relações públicas* (Pioneira) –, ainda não há um trabalho institucionalizado:

> o que ocorre é que cada um que faz seu trabalho vai em busca de uma editora. Quando o trabalho tem méritos e consegue, tudo bem. Mas [...] há um monte de trabalhos que têm mérito, mas, como não há uma iniciativa do próprio autor, isso talvez não ocorra. E não há um trabalho institucional, uma política nesse sentido, pelo que eu tenha conhecimento, diferentemente dos Estados Unidos, onde a própria universidade dá esse tipo de apoio ao pesquisador.

A professora Cristina Giácomo, autora do livro *Tudo acaba em festa*, publicado pela Scritta Editorial, resultante de seu mestrado, não vê boa vontade por parte das editoras e das universidades. Segundo ela,

> a universidade está fechada dentro de si mesma. [...] Existem o mundo acadêmico, que são a universidade e seus pesquisadores, e o resto do mundo. É uma questão de espaço profano e de espaço sagrado. A universidade se vê como um espaço sagrado. O resto do mundo [...] seria o espaço profano – o mercado de trabalho, o mundo.

Para o professor Waldyr Gutierrez Fortes, autor dos livros *Pesquisa institucional: diagnóstico organizacional para Relações Públicas*, publicado pela Edições Loyola; *Você sabe que dia é hoje? Datas comemorativas para eventos e programações de Relações Públicas e calendário promocional de marketing* e *Relações Públicas: processo, funções, tecnologia e estratégias* – este resultante de sua dissertação de mestrado – e *Transmarketing: estratégias avançadas de Relações Públicas no campo do marketing* – resultado de sua pesquisa de doutorado –, ambos pela Summus Editorial, questionado sobre a relação entre universidade e mundo editorial, acredita que seja um problema de difícil solução. A discutível qualidade dos títulos publicados, o grave hábito de reprodução não autorizada das obras (por meio de fotocópia) são um desestímulo a autores e a editoras. Já as editoras sem fins lucrativos, como as universitárias – uma possível solução à multiplicação das pesquisas –, carecem de condições técnicas e logísticas, declara ele.

Questionada a respeito do tema universidade *versus* editoras, a professora Sidinéia Gomes Freitas, autora do *Manual da qualidade em projetos de comunicação*, editado pela Pioneira, acredita que "o mercado editorial no Brasil ainda é muito frágil em termos de marketing. É muito pouco agressivo". Mas segundo ela

> não podemos colocar todo o problema na responsabilidade do mercado editorial. Há também, por parte da universidade, certa morosidade. Pouca agressividade de ambos os lados. Especialmente na área de Relações Públicas, eu creio que já há uma produção grande, que poderia ser colocada no mercado.

Em se tratando de mercado, há um número ainda pequeno de editoras que se dedicam a publicar com maior freqüência títulos específicos de Relações Públicas. Numa primeira listagem, poderíamos destacar Summus, Sagra-Luzzatto, Pioneira e Sulina. Uma quantidade significativa de títulos de Relações Públicas é de fato apresentada pela Summus.

Tivemos retorno da editora Sagra-Luzzatto, na pessoa de seu editor, o jornalista Antonio Wenzel Luzzatto. Buscamos questioná-lo sobre informações relativas a publicações, tentando delinear os caminhos para que uma obra seja interessante para as editoras, necessidade primordial para que uma pesquisa se torne de fato um título publicado.

A editora em questão mantém 80% de sua produção voltada a obras de caráter técnico-científico – entre as quais se encaixam as obras de Relações Públicas. Para exemplificar, de um total de 150 obras editadas no ano de 1999, apenas duas foram sobre Relações Públicas. Contudo, cerca de 60% do total editado foi originário de pesquisas de pós-graduação.

Para que se edite uma obra, o processo de aprovação dá-se da seguinte maneira: "por uma comissão editorial, em que três consultores da área dão um parecer favorável ou contrário à publicação da obra". Após a aprovação, há uma média de três meses até que se publique o título. De acordo com Luzzatto, os pontos-chave para que uma obra técnico-científica tenha sucesso entre o público são: "qualidade, sorte, comprometimento do autor e da editora, tempo e mais um pouco de sorte". De fato, pode-se perceber que foram apontados fatores subjetivos, carecendo de uma análise mais objetiva e direta, com características que realmente possam nortear o processo de produção.

Após a finalização de uma pesquisa e sua transformação em um livro, normalmente há um processo de adaptação de forma e conteúdo. Contudo, a experiência do editor aponta para a boa aceitação de produtos oriundos de pesquisas científicas.

Pensamos que seja extremamente necessária a pavimentação de um caminho de duas vias entre editoras e universidades. O mercado editorial no Brasil ainda é pequeno, com baixo consumo *per capita*, em especial de livros técnico-científicos, e assolado pelo mau hábito das reproduções não autorizadas. Contudo, segundo o próprio editor Antonio Luzzatto, há carência de livros de sucesso e de fato muitas pesquisas que nunca chegam ao público sob a forma de literatura, não privilegiando o consumidor desse tipo de obra, não favorecendo os autores e de fato desguarnecendo o mercado editorial de maior poder de escolha e seleção.

O caminho deve ser aberto a partir da própria graduação, na qual inúmeros trabalhos são gerados por ano, desde os projetos experimentais até os trabalhos de conclusão de curso (TCC), mais voltados à reflexão e à pesquisa.

Sabedores da necessidade de publicar mais obras e acreditando que há material capaz de gerá-las, pensamos ser necessário um estudo mais dirigido no sentido de compreender o mundo editorial. A relação da produção e do consumo é um fator que norteia o mundo mercadológico.

Tal relação também deve ser compreendida para que possamos avaliar as razões da situação atual. Vista por ângulos diversos, ela converge para a preocupação com a oferta de obras literárias em Relações Públicas, o que geraria motivação, integração e fortalecimento do espírito de corpo da profissão.

7

LITERATURA: PRODUÇÃO E CONSUMO

Até esta etapa apresentamos alguns pontos explicativos para compreender a profissão de Relações Públicas e, em conseqüência, a literatura de RP – do ponto de vista de sua produção e consumo. Passemos agora à análise do mercado editorial brasileiro, tentando compor um quadro com dados quantitativos que nos possibilitem uma compreensão qualitativa.

Pensamos que, após trinta anos, a bibliografia específica de Relações Públicas ainda não atingiu um estágio pleno de maturidade, deixando, dessa forma, de dar a contribuição necessária à profissão, embora seja louvável o esforço – e, diante das dificuldades, os resultados obtidos – dos professores e intelectuais de Relações Públicas nessa área.

Nossas críticas destinam-se àqueles que não se esforçaram para publicar suas pesquisas (às vezes por causa das dificuldades do mercado editorial, é verdade), mas especialmente àqueles que não pesquisaram.

A partir dos primeiros livros traduzidos para o português e do primeiro livro editado em nosso idioma, no começo da década de 1960[19], iniciou-se um processo de estruturação da profissão. Contudo, em nosso entender, ainda não existe uma produção bibliográfica nacional suficiente para atender às necessidades da profissão no país.

A produção de diversos livros – instrumentais, como a maioria dos existentes, ou com capacidade de favorecer a reflexão, ampliar o pensar – poderia incrementar o conhecimento adequado desta área, bem como fortaleceria entre os praticantes o espírito de corpo, cuja falta tem sido apontada por alguns como um entrave ao desenvolvimento da profissão.

Como dito, boa parte dos livros disponíveis – nacionais ou traduzidos – verte para a instrumentalização, atribuindo à profissão um cabedal de instrumentos e fragilizando seu lado teórico, de aprofundamento, necessário para dar-lhe suporte científico e até mesmo respeito. Ainda assim, pensamos serem esses livros essenciais. Acreditamos ainda que a socialização das informações relativas ao exercício de profissionais autônomos, agências e departamentos, por meio de publicações dos estudos de caso (ou *cases*), poderia ser muito profícua para toda a área.

Ainda que alguns livros importantes tenham sido publicados – ou reeditados – na década de 1990, trata-se de pequeno número de autores, dando a impressão de existir um *petit comité* ou a ausência de um grupo mais substancial de praticantes e pesquisadores das Relações Públicas, o que em nosso entender talvez não retrate a realidade.

Levando-se em conta a realidade editorial brasileira (veja Tabela 3), com tiragens pequenas – em média dois mil exemplares para livros técnico-científicos, de acordo com o que foi levantado em entrevista – e baixa oferta de títulos – em comparação a outros países (veja Tabela 4) –, pensamos que as obras de Relações Públicas, de modo efetivo, não atendem como poderiam às necessidades da profissão.

---

19. Relembramos que o primeiro livro de Relações Públicas editado por um brasileiro foi *Para entender Relações Públicas*, de Cândido Teobaldo de Souza Andrade, em 1962.

Acreditamos que haja demanda, de profissionais em exercício, professores da área, alunos e egressos dos bancos universitários – além de empresários e profissionais de modo geral –, e que existam pesquisas acadêmicas e experiências profissionais com gabarito para serem publicadas, o que permitiria e justificaria a ampliação do atual estado.

Tabela 3 – Mercado editorial brasileiro

Setor	Produção (em mil exemplares)		Venda (em milhares US$)	
	1996	1997	1996	1997
Didáticos (*)	280.586	267.853	837.978	786.794(*)
Obras Gerais	42.570	65.995	342.701	352.513
Religiosos	30.455	27.353	148.014	143.888
Técnico – Científico (Profissionais)	23.134	20.688	347.916	351.561
TOTAL	376.745	381.889	1.676.609	1.634.756

Fonte: ABDR/Ministério da Cultura/CBL/ABDIF; *Folha de S.Paulo*, 22 jun. 1998, Caderno São Paulo, p. 1.
(*) Vendas em livrarias. Não inclui vendas para o governo.

Tabela 4 – Consumo de livros por habitante

País	Consumo *per capita*/ano
Brasil	2,8
Argentina	8,0
Estados Unidos	9,0
França	15,0
Rússia	15,0

Fonte: *Revista Educação*, jun. 1998.

Vale comentar a Tabela 3 com relação à baixa participação dos livros técnico-científicos – cerca de 6% – no total de livros produzidos em nosso país. Da Tabela 4, destaca-se o consumo insignificante de livros pela população brasileira se comparado ao de outros países, como a vizinha Argentina, com consumo quase três vezes superior ao do Brasil. Outro ponto a ser destacado é o pequeno crescimento – pouco superior a 1% – do volume de obras adquiridas.

Contudo, mesmo com números substancialmente inferiores aos desejados, reflexo da realidade de nosso país, vemos no mercado editorial brasileiro um franco otimismo quanto à sua ascensão, principalmente com a mudança da condição econômica – desde 1994, com o Plano Real. Porém, a derrocada desse plano econômico, a partir de 1998 e 1999, pode ter comprometido esse processo evolutivo.

Constatamos também a alavancagem por novas modalidades de troca, em especial, por meio da Internet. A criação de novos pontos-de-venda tem colaborado para esse crescimento, e o comércio virtual de livros, há poucos anos desconhecido no Brasil, já passa a ser parcela representativa desse processo. Para a editora Sagra-Luzzatto, os veículos que apresentam melhor retorno quando se anunciam obras são os jornais e as revistas, principalmente os segmentados, mas seu editor concorda que os novos pontos-de-venda possam de fato estimular a vendagem.

No Brasil há uma série de alternativas de aquisição de livros pela Internet, incluindo livrarias nacionais e estrangeiras. Estudos realizados por pesquisadores da Universidade Federal de Minas Gerais (UFMG)[20] apontam a preferência do consumidor nacional pelas empresas brasileiras (veja Gráfico 1). A diversidade de ofertas é grande e tem movido muitas empresas a utilizar esse espaço como recurso para ampliar vendas (veja Gráficos 2 e 3).

---

20. Consumidor prefere livrarias on line brasileiras. *Folha de S.Paulo*, Caderno 6, p. 4, 2 dez. 1998.

Gráfico 1 – Consumo de livros pela Internet

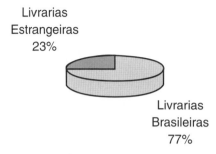

Fonte: Universidade Federal de Minas Gerais.

Gráfico 2 – Participação das livrarias nacionais no mercado

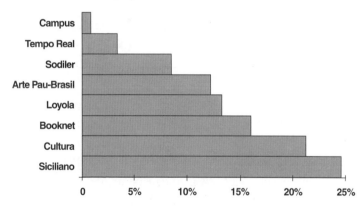

Fonte: Universidade Federal de Minas Gerais.

Gráfico 3 – Participação das livrarias estrangeiras no mercado

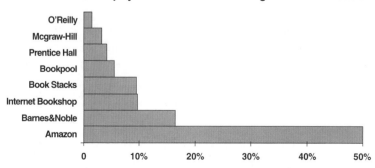

Fonte: Universidade Federal de Minas Gerais.

Em levantamento realizado nos *sites* de algumas das principais livrarias que ofertam produtos de forma virtual – Amazon Books, Submarino, Livraria Saraiva, Livraria Siciliano e Livraria Cultura –, pudemos constatar que nenhuma delas determina uma seção para livros de Relações Públicas. Dentre as livrarias consultadas a única que apresenta a opção de livros para comunicação é a Livraria Cultura. Contudo, nem mesmo essa oferece uma opção para Relações Públicas. Essa questão pode ser mais uma vez reflexo do perfil de bastidor da profissão, ou ainda do número não tão grande em relação a outras áreas.

A forma de acesso é pelo modo de busca – opção convencional em operações na Internet. Pensamos que o fato de não haver um direcionamento maior possa ser um desestímulo à busca e à compra, sobretudo pelo tempo que habitualmente é gasto para realizar esse tipo de operação. As melhorias nesse tipo de tecnologia, do ponto de vista de equipamentos e processos – computadores, redes telefônicas, programas de gerenciamento/operação –, podem ser um elemento favorável e estimulante para esse tipo de aquisição de obras literárias.

O levantamento das obras ofertadas por essas livrarias na Internet permitiu-nos obter alguns dados. A maior livraria virtual do mundo, a Amazon, oferta títulos voltados à Comunicação e às Relações Públicas, mas sem especificá-los[21]. A Livraria Cultura, única que oferece a opção inicial para busca em Comunicação, coloca em destaque mais de sessenta títulos – entre nacionais e estrangeiros. A Saraiva, uma das maiores livrarias nacionais nos moldes tradicionais, oferece cerca de vinte itens, apresentando os mais conhecidos títulos de autores brasileiros. A Siciliano, também colocada entre as maiores livrarias, apresenta um pequeno número de obras – cerca de quinze. Nessa livraria algumas obras – entre as mais tradicionais do gênero – encontram-se esgotadas. E, por fim, o Submarino, empresa surgida na onda do comércio virtual, especializada na venda principalmente de discos com-

---

21. Vale lembrar que nem sempre é possível definir de forma criteriosa a qual área especificamente se relaciona uma obra. Além do mais, algumas obras ligadas a questões de como falar em público, como se portar em reuniões, dentre outras, muitas vezes são catalogadas como sendo de Relações Públicas, algo discutível.

pactos (CDs) e livros, coloca para o comprador mais de vinte títulos ligados às Relações Públicas. A forma de procura é por meio de palavras-chave, o que pode desacelerar o processo. O rol de produtos também é ancorado nos títulos mais conhecidos e basicamente formado por obras nacionais.

Com a rede virtual como nova ferramenta de compra e com o crescimento de livros de interesse geral, em especial os de auto-ajuda, as editoras e livrarias têm aumentado o número de títulos e se fortalecido, permitindo-nos imaginar um potencial crescimento no segmento de livros técnico-científicos como reflexo do crescimento geral.

Um fator importante para o potencial aumento da demanda e produção de títulos, bem como da tiragem, é a Lei de Direitos Autorais, que vigora desde 19 de junho de 1998 e é mais rígida que a anterior, de 1973. A nova lei não permite a reprodução, mesmo de trechos, para uso comercial ou pessoal. Assim, o velho hábito entre estudantes e alunos universitários – além dos próprios professores – de fazer cópias de livros deve diminuir, favorecendo o mercado editorial.

Com uma tiragem média de dois mil exemplares para livros técnico-científicos, o editor Luzzatto aponta como sendo 50% a quantidade mínima de venda para que a obra não dê prejuízo. Ou seja, apenas mil exemplares vendidos já justificam comercialmente a edição. O livro é considerado um sucesso de vendas quando se vendem cinco mil exemplares.

Quanto ao custo médio para a produção de um livro de pequeno volume de páginas, foram apontados cerca de 2 dólares. Do faturamento obtido, a Sagra-Luzzatto destina cerca de 20% para fins promocionais das obras. A comunicação persuasiva adotada pela editora é principalmente o marketing direto e a publicidade. No tocante à distribuição, ainda adota o processo mais tradicional, por meio de livrarias convencionais.

CONSIDERAÇÕES FINAIS

Procurar entender a realidade de uma profissão é buscar a proximidade dos sentimentos daqueles que a exercem bem como as questões que privilegiam e dificultam seu exercício.

As entrevistas com as professoras Margarida Maria Krohling Kunsch, Cristina Giácomo, Sidinéia Gomes Freitas e com o professor Waldyr Gutierrez Fortes ajudaram-nos a compreender um pouco mais sobre a atual situação das Relações Públicas.

Alguns autores não ligados à área, como Gramsci e Moles, por seu tempo, contribuíram para que conseguíssemos entender inter-relacionamentos que convergem para construir parte do complexo que mantém uma profissão.

A participação de somente uma editora em nossa pesquisa nos mostrou as dificuldades que se podem apresentar quando se quer publicar uma obra. E os coordenadores de cursos de graduação e pós-graduação, por sua vez, expuseram o estado atual e futuro dos bancos escolares de Relações Públicas e como isso também refletirá nos encaminhamentos da profissão.

Mais do que compreender e avaliar a situação literária das Relações Públicas e seus desdobramentos, gostaríamos que as informações aqui apresentadas sobre a profissão e o mercado editorial pudessem de algum modo servir como estímulo à produção. Cabe-nos a certeza de ter buscado ressaltar questões que talvez não estejam ainda totalmente claras para muitos.

Os profissionais de Relações Públicas ligados ao processo de regulamentação da profissão (em 1967) acreditam que ela ocorreu de forma equivocada e pode ter contribuído para os problemas hoje sentidos. Isso explica que ainda encontremos forte carência de um espírito de corpo em Relações Públicas e que estas, de algum modo ligadas ao regime militar brasileiro (Kunsch, 1997), contribuíram para a criação de um conceito da profissão não muito favorável perante a opinião pública. Isso talvez ainda possa ser percebido, tardiamente, por impressões equivocadas, ou mesmo simplistas sobre a área.

As entrevistas realizadas com os profissionais escolhidos mostraram grande otimismo em relação ao futuro da atividade, motivado pela mudança no perfil cultural das organizações, pelo incremento da globalização, que seria fator preponderante para o aumento na demanda por profissionais de Relações Públicas, e ainda pela internacionalização das agências, o que vem ocorrendo de forma maciça – pela aquisição das agências nacionais, criação de escritórios no Brasil de agências estrangeiras ou mesmo pelas parcerias operacionais entre as agências nacionais e as estrangeiras, embora esse ponto seja ainda controverso.

Outro fator que cabe ser destacado é a terceirização (*outsourcing*) dos serviços de comunicação e, em conseqüência, de Relações Públicas. O incremento no número de agências também é fator proporcional à diminuição de empregos nos formatos tradicionais, em departamentos formados por profissionais de várias áreas da comunicação. O que se percebe, de acordo com os entrevistados, é o aumento de postos de trabalho em agências/assessorias, o que vem ao encontro do aumento e da internacionalização das assessorias.

A produção editorial no Brasil é pequena, até como reflexo do baixo consumo de livros em nosso país. Contudo, em função de mudanças no panorama econômico e com a criação de formas alternativas de promoção e distribuição, há certa potencialidade de que o aumento desse consumo, e em conseqüência a produção, se efetive.

Julgamos haver massa crítica que justifique a ampliação dessa produção, tanto pelo material produzido – em especial por pesquisas acadêmicas – como pelos consumidores qualificados como tal.

O momento institucional das Relações Públicas é de reflexão. A proposta de revisão da legislação que regulamenta o exercício profissional, fruto do Parlamento Nacional de Relações Públicas, organizado pelo Conferp, propicia profunda alteração no cenário e pode influir nas perspectivas da profissão.

Além disso, movimentos de outras categorias profissionais, direta ou indiretamente ligadas às Relações Públicas, também causam certa expectativa, como a intenção por parte dos jornalistas de obter a exclusividade na prática da ferramenta assessoria de imprensa, ou o possível incremento a RP com base no conceito de comunicação integrada, valorizando-se a comunicação institucional como diferencial da comunicação emitida formal ou informalmente pela organização.

O discurso institucional segue sendo valorizado, pois já não se pode pensar uma organização que não tenha por trás de si uma imagem, uma identidade, um diferencial em relação às demais. As Relações Públicas podem e devem contribuir para essa construção de uma nova realidade, em que os diversos setores sociais, políticos e econômicos sejam mediados rumo ao equilíbrio.

REFERÊNCIAS

ANDRADE, C. T. S. *Dicionário profissional de Relações Públicas e Comunicação*. São Paulo: Saraiva, 1978.

_____. *Guia brasileiro de Relações Públicas*. Novo Hamburgo: Faculdade de Comunicação Social – Feevale, 1981.

BARROS FILHO, Clóvis de. *Ética na comunicação*. São Paulo: Summus, 2003.

COMO VOCÊ ABORDA AS MUDANÇAS: como ameaça ou como oportunidade? *Revista Paradigma*, São Paulo, out./nov./dez. 1995.

CONSUMIDOR prefere livrarias on line brasileiras. *Folha de S.Paulo*, São Paulo, caderno 6, p. 4, 2 dez. 1998.

FARIAS, Luiz A. B. de. Entrevista com prof. dr. Roberto Porto Simões. *Revista Repensando Cásper*, São Paulo, ano I, n. I, p. 6-7, 1998.

_____. Relações Públicas em Congresso Nacional. *Repensando Cásper*, São Paulo, ano I, n. 4, p. 2-3, 1997.

FERNANDES, Angela. A responsabilidade social e a contribuição das Relações Públicas. In: *CD-ROM XXIII Intercom*. Manaus: Intercom, 2000.

FERREIRA, Aurélio Buarque de Holanda. *Novo dicionário Aurélio*. Rio de Janeiro: Nova Fronteira, 1975.

FORTES, Waldyr Gutierrez. *Transmarketing: estratégias avançadas de relações públicas no campo do marketing*. São Paulo: Summus, 1999.

_____. *Você sabe que dia é hoje? Datas comemorativas para eventos e programações de relações públicas e calendário promocional em marketing*. Londrina: Editora da Universidade de Londrina, 1997.

FRANÇA, Fábio; FREITAS, Sidinéia Gomes. *Manual da qualidade em projetos de comunicação*. São Paulo: Pioneira, 1997.

FRANÇA, Fábio. *Gestão da comunicação na era da qualidade total*. Dissertação (Mestrado)—Escola de Comunicação e Artes da Universidade de São Paulo, São Paulo, 1997.

GIÁCOMO, Cristina. *Tudo acaba em festa*. São Paulo: Scritta Editorial, 1997.

GIANGRANDE, V.; FIGUEIREDO, J. C. *O cliente tem mais do que razão – A importância do Ombudsman para a eficácia empresarial*. São Paulo: Gente, 1997.

GRAMSCI, Antonio. *Os intelectuais e a organização da cultura*. 9. ed. Rio de Janeiro: Civilização Brasileira, 1995.

GUIA ABRIL do Estudante 98. São Paulo: Abril, 1998.

GURGEL, João Batista Sena. *Cronologia da evolução histórica das Relações Públicas*. 3. ed. Brasília: Linha Gráfica, 1985.

GUTIERREZ FORTES, Waldyr. *Transmarketing: estratégias avançadas de Relações Públicas no campo do marketing*. São Paulo: Summus, 1999.

HANDY, Charles. *A era da irracionalidade ou a gestão do futuro*. Tradução Jacqueline Medeiros. Porto: Edições Cetop, 1992.

IANHEZ, J. A. Relações Públicas como ferramenta de administração. *Revista Mercado Global*, n. 93, 1994.

KOTLER, P. *Administração de marketing*. São Paulo: Atlas, 1996.

KUNSCH, M. M. K. *Relações Públicas e modernidade*. São Paulo: Summus, 1997.

_____. A pesquisa acadêmico-científica no campo das Relações Públicas e da comunicação organizacional no Brasil. In: *Vinte anos de ciências da comunicação no Brasil*. Santos: Universidade Santa Cecília, 1999.

KUNSCH, Margarida Maria Krohling. *Planejamento de relações públicas na comunicação integrada*. São Paulo: Summus, 2003.

_____. *Obtendo resultados com relações públicas*. São Paulo: Pioneira, 2001.

LESLY, P. *Os fundamentos das Relações Públicas e da Comunicação*. São Paulo: Pioneira, 1995.

LIVROS ESCAPAM DAS LIVRARIAS. *Folha de S.Paulo*, São Paulo, caderno especial, p. 1, 7 fev. 1999.

MAQUIAVEL, Nicolau. *O príncipe*. Tradução Maria Júlia Goldwasser. São Paulo: Martins Fontes, 1996.

MATOS, Heloiza. Globalização e glocalização. *Revista Líbero*, São Paulo, ano 1, n. 1, p. 44-5, 1998.

MOLES, Abraham Antoine. *A criação científica*. Tradução Gita K. Guinsburg. São Paulo: Perspectiva, 1981.

NOVA LEI veta cópia de livros em xerox. *Folha de S.Paulo*, São Paulo, caderno 3, p. 1, 22 jun. 1998.

ORIENTANDO a aprendizagem na empresa. *Revista Fazer Acontecer*, São Paulo, out./nov./dez. 1995.

ORTIZ, Renato. *Um outro território – Ensaios sobre a mundialização*. 2. ed. São Paulo: Olho d'Água, 1997.

PARK, Kil H. (coord.). *Introdução ao estudo da Administração*. São Paulo: Pioneira, 1997.

PERUZZO, Cicilia. *Relações Públicas no modo de produção capitalista*. São Paulo: Summus, 1986.

PINHO, José Benedito. *Propaganda institucional – Usos e funções em Relações Públicas*. São Paulo: Summus, 1990.

PROJETO para reconhecimento do Mestrado da Faculdade de Comunicação Social "Cásper Líbero", 1998.

REGIS, Rachel; MOGGI, Jair. *O despertar da empresa brasileira: como se preparar para o futuro*. São Paulo: Cultrix, 1994.

REVISTA EDUCAÇÃO. Sindicato dos Estabelecimentos de Ensino no Estado de São Paulo, São Paulo, ano 25, n. 206, jun. 1998.

SIMÕES, R. P. *Relações Públicas: função política*. 3. ed. São Paulo: Summus, 1995.

SROUR, R. H. *Poder, cultura e ética nas organizações*. Rio de Janeiro: Campus, 1998.

THOMAZI, Maria Stella. *O ensino e a pesquisa em Relações Públicas no Brasil e sua repercussão na profissão*. Tese (Doutorado)—Escola de Comunicações e Artes da Universidade de São Paulo, São Paulo, 1993.

VALENTE, Célia; NORI, Walter. *De portas abertas – A experiência da Rhodia: novos caminhos da comunicação social na empresa moderna*. São Paulo: Best Seller, 1990.

WEY, Hebe. *O processo de Relações Públicas*. 2. ed. São Paulo: Summus, 1986.

XV RANKING de Faculdades. *Revista Playboy*, São Paulo, set. 1996.

XVI RANKING de Faculdades. *Revista Playboy*, São Paulo, set. 1997.

XVII RANKING de Faculdades. *Revista Playboy*, São Paulo, set. 1998.

XVIII RANKING de Faculdades. *Revista Playboy*, São Paulo, set. 1999.

XIX RANKING de Faculdades. *Revista Playboy*, São Paulo, set. 2000.

YANAZE, Mitsuru H. Esqueça o Marketing! *Revista Líbero*, São Paulo, ano 4, n. 5, p. 88-92, 2000.

ZOZZOLI, Jean-Charles. *A marca: fenômeno e instrumento não negligenciável em Relações Públicas*. Aracaju: XVIII Congresso Brasileiro das Ciências da Comunicação, 1995.

Sites visitados

www.amazon.com
www.conferp.org.br
www.livrariacultura.com.br
www.livrariasaraiva.com.br
www.siciliano.com.br
www.submarino.com.br

ANEXOS

Anexo I – Pesquisas de campo

Com base nas pesquisas de campo, obtivemos informações que permitiram compreender a produção bibliográfica da profissão de Relações Públicas.

Foram desenvolvidas três pesquisas.

A primeira, dirigida a editoras (Anexo I.I Pesquisas com editoras), buscou informações para que potenciais autores possam compreender esse campo e encaminhar suas obras.

A segunda pesquisa (Anexo I.II Pesquisas com escritores cujas obras tenham sido originadas de pesquisa acadêmica – dissertação ou tese) foi dirigida a escritores cujas obras tenham sido originadas de pesquisa acadêmica – dissertação ou tese – e teve a intenção de obter suas opiniões sobre o panorama da profissão Relações Públicas no Brasil e sobre os processos de edição de suas obras. Foram selecionados quatro profissionais de renome, de três instituições diferentes, ouvidos sob a forma de inquérito pessoal – exceto o professor Waldyr Gutierrez Fortes, que deu a entrevista por correio eletrônico.

A terceira pesquisa (Anexo I.III – Pesquisa com coordenadores de cursos de graduação em Relações Públicas e com coordenadores de cursos de pós-graduação em Comunicação) foi dividida em duas etapas – graduação e pós-graduação. Tentou-se obter dados que consubstanciassem a análise do panorama científico das Relações Públicas, além de buscar informações quanto à produção e ao potencial de consumo. Foram definidas três instituições como objeto de pesquisa: Faculdade de Comunicação Social Cásper Líbero, Universidade de São Paulo e Universidade Metodista de São Paulo. Entretanto, a última, por meio de sua coordenação, não se mostrou disposta a colaborar com a pesquisa, tendo sido eliminada do processo e consideradas somente as duas primeiras.

Anexo I.I – Pesquisas com editoras

PROBLEMA

A quantidade de publicações na área de Relações Públicas é pouca. Acreditamos que os profissionais do setor editorial desconhecem o que é produzido pelas Relações Públicas, o que pode ser reflexo da baixa oferta de novos originais ou o mesmo da pouca penetração no mercado que têm esses títulos.

OBJETIVOS

- Averiguar as razões que motivariam as editoras a investir mais em livros de Relações Públicas.
- Buscar informações que possibilitem traçar o perfil de obras literárias desejado pelas editoras.
- Levantar informações de mercado sobre as publicações na área de Relações Públicas – custo, tiragem, circulação, canais de distribuição, retorno, prazo de retorno etc.

METODOLOGIA

Pesquisa quantitativa aplicada por meio de questionários estruturados, de autopreenchimento, com questões abertas e fechadas.

UNIVERSO

O universo foi composto pelas editoras que podem vir a publicar na área de Relações Públicas.

AMOSTRA

A amostra foi selecionada de forma intencional, definida pelas seguintes editoras: Pioneira (SP), Sagra-Luzzatto (RS), Sulina (RS), Summus (SP). Contudo, somente uma das editoras contatadas respondeu à entrevista (por correio eletrônico).

QUESTIONÁRIO

Ver anexo II.

Anexo I.II – Pesquisas com escritores cujas obras tenham sido originadas de pesquisa acadêmica – (dissertação ou tese)

PROBLEMA

A proporção entre as pesquisas (teses e dissertações) realizadas e as publicadas é baixa. Uma hipótese para explicar tal situação é o desinteresse do mercado – tanto leitores quanto editoras – pelas obras.

OBJETIVOS

Levantar informações quanto à não-publicação de teses e dissertações da área de Relações Públicas.

METODOLOGIA

Pesquisa quantitativa, com aplicação de entrevista pessoal, com questionário composto por perguntas abertas e fechadas.

UNIVERSO

É composto por pesquisadores da área de Relações Públicas cujas teses ou dissertações tenham sido publicadas.

AMOSTRA

Definida amostra intencional, composta por elementos-chave da área profissional.

QUESTIONÁRIO

Ver anexo II.

Anexo I.III – Pesquisa com coordenadores de cursos de graduação em Relações Públicas e com coordenadores de cursos de pós-graduação em Comunicação

PROBLEMA

Falta de dados relativos à utilização da literatura de Relações Públicas, ao desenvolvimento de pesquisas voltadas à área de RP e à sua potencial publicação.

OBJETIVOS

Avaliar os princípios de seleção de títulos e verificar a relação entre desenvolvimento de pesquisas dirigidas à área de RP e o número de publicações.

METODOLOGIA

Pesquisa quantitativa, por meio de inquérito pessoal, a partir de roteiro orientativo.

UNIVERSO

Instituições de Ensino Superior do Estado de São Paulo, em cujos quadros existam graduação e pós-graduação em Relações Públicas/Comunicação.

AMOSTRA

De forma intencional, foram entrevistados os coordenadores de graduação e pós-graduação das seguintes instituições: Faculdade de

Comunicação Social Cásper Líbero, Universidade de São Paulo, Universidade Metodista de São Paulo.

QUESTIONÁRIO

Ver anexo II.

Anexo II – Transcrição de entrevistas

PESQUISA COM EDITORA

Entrevista realizada por meio de correio eletrônico, em 23 de fevereiro de 2000, pelo e-mail atendimento@sagra-luzzatto.com.br

DADOS GERAIS

a) Editora: Sagra-Luzzatto.
b) Linha de publicações:
(X) Técnico-científica   ( ) Religiosa
( ) Didática   ( ) Obras gerais

a) Entrevistado: Antonio Wenzel Luzzatto.
b) Cargo: editor.
c) Formação: Jornalismo.
d) Sexo: ( ) Feminino (X) Masculino
e) Idade: 25 anos.
f) Tempo de atividade como editor: 1 ano.

DADOS ESPECÍFICOS

1) Em média, qual é a tiragem de um livro técnico?
   2.000 exemplares.

2) Qual é a necessidade de venda para que um livro deixe de dar prejuízo e passe a dar lucro?
   Metade da edição.

3) **Numericamente, em termos de unidades vendidas, o que pode ser considerado, entre livros técnico-científicos, um campeão de vendas?**
   5.000 exemplares.

4) **Qual é o custo médio de produção de um livro técnico-científico?**
   Os custos variam muito de acordo com o livro (tiragem, tipo de papel, formato), mas, para nossa editora, na média, um livro custa 5 reais.

5) **Na sua editora, como é o processo de cálculo do preço de uma obra?**
   Também varia de acordo com o livro, com seu público, mas (de novo) na média é o valor de custo multiplicado por 7.

6) **Quanto se investe, em média, na comunicação promocional de um livro técnico-científico?**
   Aproximadamente 20% do faturamento sobre a obra, com algumas exceções.

7) **Quais são, hoje, para as obras técnico-científicas, as principais estratégias de comunicação persuasiva utilizadas por sua editora?**
   O contato cada vez mais direto com o consumidor. Utilizamos também muito *marketing* direto.

8) **Fala-se de inovações, tanto no processo de promoção (uso da Internet, por exemplo) como de distribuição de livros (canais alternativos como supermercados, açougues etc.). Você acredita que isso possa colaborar com o crescimento do consumo de obras técnico-científicas?**
   Sim.

9) Quais as mídias que apresentam melhor retorno quando se anunciam livros de interesse técnico-científico?
Jornais e revistas, principalmente os segmentados.

10) Quais são os principais canais de distribuição? Há boa penetração nacional ou ela é regional/setorial/estadual?
Os principais canais de distribuição continuam sendo as livrarias. Em relação à penetração nacional: sim, temos uma distribuição nacional, apesar das dificuldades de um país grande como o Brasil.

11) Livros de Relações Públicas são considerados obras gerais ou técnico-científicos?
Técnico-científicos.

12) No último ano, qual foi o total de obras enviadas para sua editora pleiteando a publicação?
Aproximadamente 150 obras.

13) E, dessas, quantas foram obras técnico-científicas?
80%.

14) E quantas foram específicas de Relações Públicas?
Duas.

15) E, dessas, quantas foram oriundas de dissertações de mestrado e teses de doutorado ou livre-docência?
60%.

16) E quantas foram efetivamente publicadas (técnico-científicas e de Relações Públicas)?
Técnico-científicas dezoito, de Relações Públicas uma.

17) **Qual é o processo de seleção dessas obras? Como são escolhidas aquelas que efetivamente serão publicadas?**
A aprovação ou não se dá por uma comissão editorial, em que três consultores da área dão um parecer favorável ou contrário à publicação da obra.

18) **Entre a seleção da obra para ser publicada e sua chegada às prateleiras, quanto tempo se gasta, em média?**
Três meses.

19) **De acordo com a sua experiência, quais são os pontos necessários para que um livro técnico-científico tenha sucesso de público?**
Qualidade, sorte, comprometimento do(a) autor(a) e da editora, tempo e mais um pouco de sorte.

20) **Que tipos de títulos você sente falta de publicar?**
De sucesso.

21) **Qual é o procedimento para seleção de obras para reedições?**
Boa vendagem.

22) **Quantas obras de Relações Públicas, ao todo, já foram editadas por sua empresa?**
Cinco.

23) **Como tem sido o resultado de vendas dessas obras?**
Duas estão em processo de reedição (resultado bom), as outras três estão fora de catálogo.

24) Qual é a forma de remuneração dos autores?
13% sobre o valor efetivo de venda ou 10% da edição em exemplares.

25) Livros resultantes de pesquisas acadêmicas têm boa aceitação pelo público consumidor? E vocês já publicaram teses e dissertações?
Alguns sim. Com algumas modificações já publicamos muitas teses e dissertações.

26) E quanto a experiências profissionais, os *cases* têm boa aceitação (pelo público e pela editora)?
Sem resposta.

27) Qual é o mercado estimado para livros técnico-científicos? E para livros com conteúdos de Relações Públicas?
Sem resposta.

28) Há estudos com pesquisa do perfil demográfico e comportamental do público consumidor de literatura técnico-científica?
Sim.

PESQUISA COM ESCRITORES CUJAS OBRAS TENHAM SIDO ORIGINADAS DA PESQUISA ACADÊMICA – DISSERTAÇÃO OU TESE

ENTREVISTAS

ENTREVISTA REALIZADA EM 13 DE DEZEMBRO DE 1999, NO CRP-ECA-USP

DADOS GERAIS

a) **Nome:** Margarida Maria Krohling Kunsch.
b) **Sexo:** Feminino.
c) **Graduada em:** Relações Públicas.
d) **Ano de graduação:** 1977.
e) **Instituição em que se graduou:** Anhembi-Morumbi.
f) **Pós-graduação:**
(X) Mestrado – Dissertação/ano:
(X) Doutorado – Tese/ano:
(X) Livre-Docência – Tese/ano:
g) **Livros publicados:**
- *Planejamento de relações na comunicação integrada*, 1986;
- *Universidade e comunicação*, 1992;
- *Relações Públicas e modernidade*, 1997.

h) **Foram originários de suas pesquisas? Quais?**
Sim, de mestrado, doutorado e livre-docência, respectivamente.

DADOS ESPECÍFICOS

1) Como a sra. encara a condição das RP no final do século XX?

Eu vejo que o momento é bastante propício, dada a complexidade contemporânea, e muitas organizações estão percebendo a necessidade de repensarem as suas estratégias e as suas políticas de comunicação. E aquela visão puramente mercadológica, só de marketing ou então restrita a um trabalho de assessoria de imprensa, muito centrada nas tarefas e nos produtos, tende a não responder. Daí a necessidade de um trabalho de Relações Públicas mais profundo. Com o delineamento de públicos, com o planejamento etc. A área também está sendo mais compreendida. De uma maneira não tanto quanto poderia, mas ela está sendo mais valorizada.

2) **A sra. acredita que a produção intelectual nas instituições de ensino superior, em nível e número, tem crescido, está estabilizada ou tem diminuído?**

Eu diria que ela está crescendo, porque se se considerar a apresentação de *papers* nos congressos – como esse que ocorreu em Porto Alegre [3º Fórum Ibero-Americano de Relações Públicas] e de que você, inclusive, participou. Então há demanda maior na Intercom no GT de Comunicação Organizacional e no de Relações Públicas. A pós-graduação tradicional, aqui na ECA e na Metodista, e recentemente na PUC de Porto Alegre e agora na Cásper Líbero, eu vejo que a tendência é de crescimento. O que falta mesmo é mais trabalhos. Mais teses, mais estudos científicos. Nós temos muitos trabalhos sem sistematização.

3) **Como a sra. vê a relação entre o mundo editorial e as universidades/faculdades? Acredita que haja boa vontade e interesse de ambas as partes?**

Eu acho que isso não é ainda um trabalho institucional. O que ocorre é que cada um que faz seu trabalho vai em busca de uma editora. Quando o trabalho tem méritos e consegue, tudo bem. Mas eu sei que há um monte de trabalhos que têm mérito, mas como não há uma iniciativa do próprio autor isso talvez não ocorra. E não há um trabalho institucional, uma política nesse sentido, pelo que eu tenha conhecimento, diferentemente dos Estados Unidos, onde a própria universidade dá esse tipo de apoio ao pesquisador.

4) **Como encara o papel do relações-públicas no sentido da evolução da profissão? As pesquisas têm sido em número suficiente? E quanto às temáticas?**
   As pesquisas são muito inexpressivas. Precisaríamos ter muito mais estudos de caso, pesquisas de campo. Infelizmente muita gente vem para a pós-graduação estudar e acaba não trabalhando o tema. Trabalham com outras coisas. Principalmente as teses de doutorado, que deviam trazer uma contribuição nova, nem todo trabalho converge para isso. Eu diria que é uma minoria que se preocupa em contribuir para a evolução da profissão. São quase sempre as mesmas pessoas. Os profissionais que estão bem no mercado, que têm cargos de direção, não têm um trabalho agressivo de contribuição para a melhoria da categoria, para a melhoria da identidade da profissão. Eu acho que deveria existir muito mais união, um trabalho de maior cultura corporativa – não corporativismo – envolvendo a questão ética, a questão científica. E o mercado em si é muito sufocante.

5) **Como a sra. vê a questão da desregulamentação, discutida em Congresso Nacional pela ABRP, em 1997? E quanto ao processo de revisão da Legislação?**
   O Conferp e o Conrerp/SP produziram um documento e este documento propõe-se mais a clarear no sentido de uma revisão da regulamentação. Não houve o consenso da categoria para desregulamentar, mas muito mais para atualizar, rever, porque é uma lei morta, uma lei que ninguém respeita e é muito confusa, também.

6) **Segundo alguns renomados profissionais de RP, participantes do processo de regulamentação, essa foi prematura e num momento de imaturidade da profissão. Concorda com isso e acredita que possa ter sido um forte entrave ao desenvolvimento da atividade?**

Eu concordo e inclusive fui muito contundente nisso aí. Acho que a profissão não tinha uma base científica, acadêmica e não tinha uma base prática. Toda lei que vem de cima para baixo tende a não funcionar. Não foi uma lei construída com bases sólidas, com um ponto de partida. A regulamentação foi feita de uma maneira irresponsável, sem bases. Portanto foi bastante prematura.

7) **Qual é a sua opinião sobre as entidades de classe de Relações Públicas? A qual delas é associada?**

Eu sou associada à ABRP, da qual fui vice-presidente de cultura, eu instituí lá o prêmio para projetos experimentais; sou associada ao Conrerp, conseqüentemente ao Conferp, e participei ativamente da Aberje, por meio de acordos aqui com a ECA. Fizemos um livro. Com relação às frentes de atuação, eu acho que as entidades de classe, em geral, da categoria, elas são muito inexpressivas. Elas não têm agressividade, elas não têm trabalho de base, sobretudo como tem a PRSA nos Estados Unidos. O sócio paga, mas ele não tem retorno algum. Você não tem uma publicação, você não tem uma retaguarda. Eu diria que, por motivos vários, por falta de recursos, por falta de uma gestão mais agressiva até da própria entidade e pela não-participação da maioria dos profissionais, é que vemos esse cenário. As entidades são formadas por pessoas. Na medida em que as pessoas não se envolvem, são sempre as mesmas que têm de carregar o piano, essas pessoas não têm condições, sozinhas, de resolver. Mas faltam lideranças.

8) **Como tem visto a evolução da profissão? Fala-se no crescimento do número de agências, incluindo a chegada de agências estrangeiras de Relações Públicas, como sendo o futuro da profissão – e a proporcional diminuição de oferta de emprego em organizações. Concorda? Como vê o futuro da atuação de Relações Públicas?**

As agências estão crescendo. Nós temos dois fenômenos: o natural, de crescimento muito grande da prestação de serviços, e a chamada internacionalização das empresas brasileiras. As grandes assessorias, aquelas que estão bem sedimentadas, estão fazendo parcerias e acordos com entidades estrangeiras. Essas empresas que vêm crescendo não são só de Relações Públicas. Na verdade são empresas de comunicação que desenvolvem mais o trabalho de RP. Com relação ao desemprego, é um outro fenômeno que vemos hoje. É muito raro encontrar um emprego. O que está ocorrendo muito mais é o aumento da segmentação de serviços. O profissional vai ter de ser realmente um prestador de serviços. Eu acho que esse é o futuro da profissão. Eu defendo que as escolas têm de formar empreendedores. Têm de ensinar contabilidade, custos, como administrar financeiramente, como viabilizar o negócio. E as pessoas – porque nem todo mundo tem perfil para isso – que tiverem perfil têm de ser mais formadas nessa direção.

9) **Quanto aos livros específicos de Relações Públicas, pensamos que são escassos e que sua atualização é pouca. Concorda? Em caso afirmativo, na sua opinião, qual é a causa dessa baixa produção? Em caso negativo, justifique.**

A bibliografia brasileira, se comparada a países da América Latina e mesmo da Europa, eu diria que ela não é tão pouca assim. O problema, como eu coloquei já antes, é que as pessoas vão fazer teses e trabalhos de pós-graduação e acabam não fazendo trabalhos para a área. E ocorre também que o profissional fica muito envolvido, absorvido totalmente pela prática, e tem uma dificuldade muito grande de sistematizar. Faltam livros com estudos de *cases*, com relatos de experiências.

10) **Quantos livros de RP a sra. adquiriu no último ano? E de áreas afins? Cite-os.**
Todos os últimos que saíram. Acho também que faltam traduções. Já mantive contato, inclusive, com as editoras Pioneira e Summus para viabilizar a tradução de um livro do professor Grunig, sobre técnicas de Relações Públicas, que seria muito interessante como livro didático para nós. Mas é difícil porque as empresas têm de investir muito na tradução de um livro – pagar direito autoral, pagar tradutor.

11) **A sra. tem acesso a revistas ou periódicos específicos de Relações Públicas? Em caso afirmativo, cite-os.**
A biblioteca da ECA dispõe de assinaturas de revistas específicas da área de Relações Públicas, mas são revistas norte-americanas: a *Quaterly* e a *Public Relations*.

12) **Já escreveu alguma obra que não chegou a ser publicada? Em caso afirmativo, quais as causas da não-publicação?**
Quando eu me proponho a escrever para publicar, felizmente eu tenho conseguido publicar. Agora eu tenho material e falta absoluta de tempo para fazer mais. Os meus três estudos de pós-graduação foram publicados.

13) **Como foi o processo de publicação de suas obras originárias de pesquisa – o contato, a relação com a editora, o prazo de duração do processo de negociação?**
Eu simplesmente levei os originais, deixei e houve interesse da editora. No meu livro de planejamento, a editora fez a opção de colocar apenas a parte conceitual. Eu fiz um estudo de três

organizações diferentes, mas a editora preferiu ficar só com a parte conceitual. O de universidade e educação, como era um assunto tão didático, a opção foi ver com a Loyola, porque já tinha uma coleção de educação. E também foi um processo natural. Deixei os originais com uma carta encaminhada para o editor. E o último também foi com entrega de originais e conversas com o editor, que fez a sua apreciação e resolveu publicar.

Quanto ao que determina muito a publicação de um livro, parece que seja a sistematização do trabalho e ir à editora, conversar com o editor. Você tem de se sujeitar. Tem de ter coragem. Se você não faz isso, ninguém vai fazer para você.

14) **Tem algum projeto em andamento para escrever uma obra na área de RP no curto prazo? Fale a esse respeito.**

Eu tenho a intenção de fazer um livro bem completo, de fundamentação teórica das Relações Públicas. Que fosse um livro que, ao mesmo tempo, desse a parte conceitual e em seguida um estudo de caso – um *case* ilustrativo. Esse é um. E o outro, que eu já tenho muito material, é o da comunicação nas organizações. É um livro que vai dar a possibilidade de dar uma formação de como se processa a comunicação, quais são os seus instrumentos.

15) **Acredita que uma revitalização da produção bibliográfica de RP poderia estimular o crescimento da profissão?**

Acredito que sim. Isso é fundamental, porque é a base da prática. Se nós tivermos um livro de pesquisa como nós temos hoje um livro de planejamento, isso vai dar um caráter mais científico para a prática das RP. Livros que demonstrem, por exemplo, como as RP podem atuar na área cultural. À medida que existam obras e elas são multiplicadas, são lidas, eu acho que esse é o melhor caminho.

16) Em algumas áreas de atuação, há freqüentes lançamentos de publicações ancoradas em experiências profissionais, os chamados *cases*. Em RP, isso não é freqüente. Contudo, os prêmios da categoria, aulas, palestras sempre exploram a temática dos *cases*. Para a sra., por que esses *cases* não resultam em livros?

Aí eu vejo que falta um trabalho das próprias entidades de classe. Eu lembro que a PRSA, a associação norte-americana de Relações Públicas, publicou num ano os melhores *cases* mundiais de RP. Faltam iniciativas. Não é só um problema de recursos, mas de iniciativas das entidades e também das universidades. Existem trabalhos de TCC [Trabalho de Conclusão de Curso] interessantes, que poderiam fazer uma série de cadernos. É preciso que haja planejamento. Nós temos muita coisa que é descartável. Em qualquer área. Há muitos livros que falam, mas não têm substância. Esses *cases* seriam muito interessantes. Antigamente o Conrerp publicava os catálogos. Cada ano havia um catálogo com o Prêmio Opinião Pública (POP) e com toda a história do *case*. Isso nunca mais foi feito. Isso poderia ser levado à sala de aula. Nem isso hoje você vê mais. O POP fica restrito, não é democratizado. Poderia ser uma publicação simples. À medida que se demonstra na prática o que é possível fazer, existem condições de ampliar o espaço.

17) Temos uma enxurrada de termos como comunicação empresarial, marketing institucional, comunicação corporativa, comunicação institucional, marketing de relacionamento, dentre outros, tornando-se modismos e até ganhando *status* de profissão, quando em geral tocam nos mesmos temas de Relações Públicas, uma profissão regulamentada há 32 anos. Em sua opinião, qual deveria ser a postura dos profissionais e dos órgãos representativos da categoria em relação a essa questão?

O Conferp já trabalhou um pouco nessa direção com aquele documento [Conclusões do Parlamento Nacional de Relações Públicas]. Nós chegamos a um ponto que não adianta achar que vamos conseguir reverter. O que eu defendo é que a área de RP trabalhe com a comunicação. Não importa o nome. Eu cheguei, na minha pesquisa, até a perguntar se deveria mudar de nome. A maioria achou que não. Por quê? Porque o nome tem de ser mais bem entendido, ter abrangência muito grande. Mas, por outro lado, é um nome internacional. Todos os países o usam. A gente tem de se convencer também de que é uma área mais abstrata, mais complexa. Enquanto publicidade e jornalismo são áreas muito pontuais, RP mexe com comportamentos, com atitudes. É complicado explicar isso. Tem a ver com a questão dos *cases* de que nós falamos. Não importa o nome. O que importa é a essência. Se é um trabalho ligado a conceito, imagem, identidade corporativa, esse trabalho tende a ser entendido como uma função de RP.

18) **Em sua opinião, quais atitudes deveriam ser tomadas de imediato para o fortalecimento da profissão? E como a pesquisa acadêmica entra nesse processo?**
Nós da área acadêmica precisaríamos escrever mais artigos, e os profissionais também. Escrever mais artigos para a grande mídia. É uma maneira de esclarecer a opinião pública. A profissão tem regulamentação, tem órgãos de classe, tem uma literatura razoável, tem 57 cursos superiores no Brasil. No entanto, não tem reconhecimento social. A maioria dos cidadãos não a entende. Como nós não temos verba para fazer uma campanha publicitária, fazer uma divulgação mais agressiva, esse é um caminho. Os órgãos de classe têm de ser muito mais atuantes. Teriam de fazer um trabalho agressivo. Participar da questão política, estar nas grandes falas, estar presentes nos grandes fóruns e de uma maneira bem representada.

ENTREVISTA REALIZADA EM 6 DE DEZEMBRO DE 1999,
NO CRP-ECA-USP

DADOS GERAIS

a) **Nome:** Sidinéia Gomes Freitas.
b) **Sexo:** Feminino.
c) **Graduada em:** Relações Públicas.
d) **Ano de graduação:** 1971.
e) **Instituição em que se graduou:** ECA/USP.
f) **Pós-graduação:**
(X) Mestrado – Dissertação/ano:
(X) Doutorado – Tese/ano:
(X) Livre-docência – Tese/ano:
g) **Livro publicado:** *Manual da qualidade em projetos de comunicação*, 1997.
h) **Foi originário de sua pesquisa? Qual?**
Sim, de livre-docência.

DADOS ESPECÍFICOS

1) **Como a sra. encara a condição das RP no final do século XX?**

Encaro com simpatia e otimismo. Existem razões objetivas para isso. Veja que a *Gazeta Mercantil* apontou um crescimento na área da ordem de 25% – um dado concreto e objetivo. Outro dado é que nós (relações-públicas) temos o perfil do generalista na comunicação, e também o mercado aponta para uma absorção do perfil do generalista. Outro dado, e esse eu diria que é muito mais de análise de cenário, é a modificação da sociedade brasileira, que começa a entender o nosso discurso. Eu até diria que Relações Públicas é uma profissão novíssima, porque é agora que o nosso discurso está atualizado, embora ele continue o mesmo, desde a época da minha formação – pelo menos nos seus paradigmas – ele se encaixa melhor. Verifique a quantidade de empresas que têm ações que demandam claramente a postura perante a questão da responsabilidade social. Nós falávamos em responsabilidade social desde a década de 1970 e somente agora fica claro que balanço social, a questão da imagem, do conceito da instituição, o quanto isso reflete em termos de consumo, de credibilidade.

2) **A sra. acredita que a produção intelectual nas instituições de ensino superior, em nível e número, tem crescido, está estabilizada ou tem diminuído?**
Na área de Relações Públicas tem crescido. É interessante que esta área hoje é demandada por pessoas oriundas de outras habilitações. Entre os meus orientandos tenho um advogado, dois jornalistas. Isso eu acho um dado muito interessante. Antes ficava só no círculo dos entendidos. Hoje não. Isso é um dado bom. Sinal de que estamos tendo maior visibilidade.

3) **Como a sra. vê a relação entre o mundo editorial e as universidades/faculdades? Acredita que haja boa vontade e interesse de ambas as partes?**
O mercado editorial no Brasil ainda é muito frágil em termos de marketing. É muito pouco agressivo. Mas não podemos colocar todo o problema na responsabilidade do mercado editorial. Há também, por parte da universidade, certa morosidade. Pouca agressividade de ambos os lados. Especialmente na área de Relações Públicas, eu creio que já haja uma produção grande, que poderia ser colocada no mercado. Não tenho dúvida disso.

4) **Como encara o papel do relações-públicas no sentido da evolução da profissão? As pesquisas têm sido em número suficiente? E quanto às temáticas?**

O profissional que é competente mesmo está buscando sempre a qualificação. A evolução é uma conseqüência disso. Já na formação de graduação, ele [o relações-públicas] já tem uma visão de conjunto. Com o passar do tempo, ele vai se dedicando à comunicação organizacional, à comunicação empresarial, que é a visão macro.

Quanto às pesquisas, eu creio que ainda sejam bastante insuficientes. Quem acaba apontando mais caminhos é o próprio pessoal de mercado. A universidade pesquisa pouco. A situação do profissional, em sentido mais amplo, os dados que eu tenho, por exemplo, em mãos são vindos das assessorias. A universidade não tem se dedicado muito, exceto para a produção intelectual. A evolução, em termos de mercado, quem dá mais dados é o próprio mercado.

Quanto às temáticas, essas, sem dúvida, cresceram. Hoje já se faz interface de RP com muita coisa, com muitos temas importantes. Os temas ecológicos, a questão da ética, enfim, são várias demandas bem interessantes que estão surgindo e isso é bom, porque amplia a área.

5) **Como a sra. vê a questão da desregulamentação, discutida em Congresso Nacional pela ABRP, em 1997? E quanto ao processo de revisão da Legislação?**

Existe um grupo – em que se encaixam, inclusive, pessoas de renome como professor Teobaldo, algumas lideranças até importantes, não só no campo intelectual, mas também no profissional – que considera que a legislação não resolveu nada e de que o mundo caminha num sentido inverso e até existe a "Carta de Atibaia", que é uma peça muito importante e interessante que propugna pela auto-regulamentação. Não é simplesmente a desregulamentação, mas a auto-regulamentação. Diante das discussões do Parlamento Nacional, isso não foi aceito. O que foi aceito pela categoria foram as modificações na legislação. Elas estão consubstanciadas em um documento e devem ser, agora [1997], objeto de envio àqueles que podem, efetivamente, corroborar para que as modificações aconteçam. É um processo transitório, uma abertura, já que não é comum nas outras habilitações – mais especificamente na única habilitação regulamentada além da nossa, que é a de jornalismo, eles pensam diferente, têm um corporativismo mais arraigado. Os profissionais de Relações Públicas, ao contrário, querem modificações na legislação, não só no sentido de atualizar – principalmente o Capítulo II, que se refere às atividades chamadas específicas da área –, mas principalmente permitindo que aqueles que se dedicaram às Relações Públicas e tenham qualificação – não é qualquer um, tem de prestar um exame geral de qualificação – atuem. Veja bem, a categoria aceita uma abertura, mas propõe uma qualidade que eu diria numa visão de meta principal. Nós, se tudo der certo, vamos aceitar pessoas, desde que pós-graduadas na área de Relações Públicas, desde que comprovem experiência, desde que aceitem passar por um exame geral de qualificação, como se fosse um exame como o da Ordem dos Advogados, que faz isso também. Porque senão correm-se riscos. A qualificação foi essa grande demanda. Ela está acima da legislação.

6) **Segundo alguns renomados profissionais de RP, participantes do processo de regulamentação, essa foi prematura e num momento de imaturidade da profissão. Concorda com isso e acredita que possa ter sido um forte entrave ao desenvolvimento da atividade?**

Concordo que foi prematuro, mas não creio que isso foi um fator que determinou o não-desenvolvimento da atividade. Acredito, até, que a legislação pouco teve a ver com o pouco desenvolvimento da área. Eu continuo insistindo que esse não-desenvolvimento se deve a determinado estágio da sociedade. Se pensarmos no "autoritarismo" pelo qual o país passou, as ordens vinham de cima para baixo e eram para ser cumpridas. Era uma outra postura. Você não vivia em uma sociedade democrática ou em processo de democratização como hoje. E quem leu um pouco outros autores sabe que a nossa área é basicamente democrática. Ficava difícil do ponto de vista técnico. A questão da democracia e da própria evolução da sociedade fazia com que nós praticamente não existíssemos. Existiam alguns preconceitos tolos dentro do mercado de ensino, da formação. Parecia que nós [relações-públicas] éramos detentores do autoritarismo e testas-de-ferro, essas bobagens todas que se colocavam no meio acadêmico. Eu creio que hoje elas também estejam superadas. Começa-se a enxergar a área da maneira como ela realmente deve ser vista.

7) **Qual é a sua opinião sobre as entidades de classe de Relações Públicas? A qual delas é associada?**
Eu sou associada a todas. Creio que o caminho natural das entidades de classe vai ser, no futuro, a junção delas todas. Não faz sentido para todo o mundo estar pagando aqui, ali e acolá, para um retorno que é discutível. Da minha parte, tenho grande preocupação com a questão do dinheiro que entra no Conselho (Federal dos Profissionais de Relações Públicas – Conferp) e o que é feito com ele. Eu tenho de prestar conta disso. Temos uma dificuldade grande, mas, assim mesmo, adquirimos sede própria, estamos agora ampliando as regionais. Temos de avançar com a mudança da legislação. Temos compromissos e não se ganha nada com isso. Primeiro, precisa ter um sentimento de classe, de categoria para trabalhar nesse tipo de coisa. Depois, a tendência natural é reunir isso para que se unam esforços nesse sentido. Eu não vejo isso de imediato, mas isso ocorrerá. É fatal. Haverá uma racionalidade maior e

eu, evidentemente, que sou suspeita [à época presidente do Conferp], mas acho que o principal papel é o do conselho de classe, o órgão regulador – mais até do que fiscalizador da profissão.

8) **Como tem visto a evolução da profissão? Fala-se no crescimento do número de agências, incluindo a chegada de agências estrangeiras de Relações Públicas, como sendo o futuro da profissão – e a proporcional diminuição de oferta de emprego em organizações. Concorda? Como vê o futuro da atuação de Relações Públicas?**
Concordo e acho que o caminho é pela formação do pequeno empreendedor, dos prestadores de serviço. Eu não tenho dúvida alguma: nós trabalharemos muito nessa base. Isso a literatura e a realidade apontam. Nós vamos quarteirizar, terceirizar. É claro que as agências que estão vindo, estrangeiras, para nós é muito bom, porque haverá, por exemplo, especialistas em administração de crises, em demandas que surgirão, até pela própria sociedade brasileira. E eu acho isso muito bom, embora considere que não seja fácil. E é claro que o emprego tradicional, convencional é mais tranqüilo. Mas é fatal que ele esteja diminuindo – isso é um dado concreto.

9) **Quanto aos livros específicos de Relações Públicas, pensamos que são escassos e que sua atualização é pouca. Concorda? Em caso afirmativo, na sua opinião, qual é a causa dessa baixa produção? Em caso negativo, justifique.**
Eu concordo com isso. Realmente é baixa a produção. Eu acho que nós temos de começar a publicar cada vez mais. Da minha parte, estou procurando trabalhar nesse sentido – não é só pedir para que os outros façam. Eu creio que a maior produção é uma necessidade. Mas a causa é também um pouco

de acomodação nossa. Não é só a editora que tem que nos procurar. Nós também temos de procurar, de maneira bem objetiva, as editoras.

10) **Quantos livros de RP a sra. adquiriu no último ano? E de áreas afins? Cite-os.**

A nossa posição de trabalho, na Universidade de São Paulo, já nos dá certo acesso a publicações estrangeiras. Eu adquiri uma recente obra francesa, que uma aluna me trouxe – *Relaciones publique*, uma obra muito interessante. Mas, mais do que obras específicas, tenho lido obras no campo da sociologia, da história da humanidade, o que creio que acrescenta muito. E há as obras dos colegas, como a do Waldyr Gutierrez, que é resultado de um doutorado aqui na ECA, do qual eu tive oportunidade de ser [componente da] Banca; os que saíram em 1997/1998, nós tivemos a satisfação de nos inteirar. Adquiri recentemente – e não li ainda – [o livro] do pessoal da Confiarp que estava no Congresso Ibero-Americano (realizado em Porto Alegre, em outubro de 1999).

Um que eu adquiri na semana passada é uma vertente de Relações Públicas. É sobre cerimonial, protocolo... Uma obra sobre "universidade, cerimonial, rito, protocolo". Acho que estão saindo coisas. Não na quantidade devida, mas estão.

11) **A sra. tem acesso a revistas ou periódicos específicos de Relações Públicas? Em caso afirmativo, cite-os.**

Nós estamos prevendo uma [publicação] para o próximo ano, pelo Conferp. Só o que está faltando é a articulação de recursos. Já está previsto, inclusive, o título da revista. Ela vai ter um lado acadêmico, também. Priorizar um lado ou outro (acadêmico ou profissional) é pura limitação. Uma coisa não pode viver sem a outra. Não são coisas estanques.

12) **Já escreveu alguma obra que não chegou a ser publicada? Em caso afirmativo, quais as causas da não-publicação?**
Sim, o de minha tese de doutorado. Mas foi culpa minha, não fui procurar, não fui atrás. Não deu tempo. O volume de trabalho é muito grande. Até tive um convite – da Atlas. Eu falei que iria lá e não apareci. Eu estou dizendo que a culpa também é nossa.

13) **Como foi o processo de publicação de sua obra originária de pesquisa – o contato, a relação com a editora, o prazo de duração do processo de negociação?**
Foi um verdadeiro parto [...]. Esse trabalho já estava pronto há um bocado de tempo, aí eu resolvi me juntar ao Fabio França. Na verdade a Pioneira já me encomendou um outro livro. Eu é que não me mexi. Para esse livro (*Manual da qualidade em projetos de comunicação*) foi a Pioneira que nos procurou. Nos cobrou. Eles achavam que nós não iríamos fazer mais nada até que entregamos tudo pronto. Fiz a minha livre-docência em 1992 e o livro saiu em 1997. Mas isso porque nós tivemos contratempos pessoais. Eu fiz questão de fazer com ele (França) para juntar os dois lados: eu, acadêmica, e o Fabio, um homem de mercado, mas que também é acadêmico. E eu sou uma acadêmica que gosta de conviver com o mercado. Foi uma interação muito boa.

14) **Tem algum projeto em andamento para escrever uma obra na área de RP no curto prazo? Fale a esse respeito.**
Eu tenho uma vontade enorme de sentar e escrever todas as vivências que já tive – até me cobram isso –, mas acho que uma hora sai. Às vezes a gente tem uma idéia macro que a vida não deixa realizar. Mas eu vejo que tenho uma obrigação, senão no ano 2000, a partir do ano 2000 – de escrever uma obra sobre RP.

15) Acredita que uma revitalização da produção bibliográfica de RP poderia estimular o crescimento da profissão?
Eu creio que a literatura sempre alavanca, dá visibilidade. Só que o crescimento da profissão não se dá apenas pelo crescimento das publicações. Mas eu acho importante. É fundamental. Mas se dá também pelo bom desempenho profissional.

16) Em algumas áreas de atuação, há freqüentes lançamentos de publicações ancoradas em experiências profissionais, os chamados *cases*. Em RP, isso não é freqüente. Contudo, os prêmios da categoria, aulas, palestras, sempre exploram a temática dos *cases*. Para a sra., por que esses cases não resultam em livros?
Eu continuo dizendo que existe uma apatia do mercado editorial, que também não vai atrás de tanta coisa, e há a apatia da categoria. Eu tenho dito, por exemplo, que o POP [Prêmio Opinião Pública] – já imaginou, são 18 anos de entrega de POP – deveria ser publicado. Imagine quantos *cases* existem lá para serem publicados. Esqueça os mais de 20 anos de formação da ECA. Existe tanta coisa que está na hora de começar a publicar pelo menos parte disso, ou pegar os últimos cinco anos, e colocar isso no mercado.

17) Temos uma enxurrada de termos como comunicação empresarial, marketing institucional, comunicação corporativa, comunicação institucional, marketing de relacionamento, dentre outros, tornando-se modismos e até ganhando *status* de profissão, quando em geral tocam nos mesmos temas de Relações Públicas, uma profissão regulamentada há 32 anos. Em sua opinião, qual deveria ser a postura dos profissionais e dos órgãos representativos da categoria em relação a essa questão?

A minha postura sempre foi a de não me importar com isso. Ao contrário, eu não tenho nenhum problema em dizer. Se eu achar que o termo interessante é *endomarketing*, eu vou dizer, sem problema algum. Só que eu vou dizer que a base do *endomarketing* é Relações Públicas. Ao invés de ficar atacando, acho que a gente deve mostrar competência, conhecimento, e não adianta ficar discutindo. Eu acho que essa fuga (na utilização de termos de moda) se deve à questão da legislação. O pessoal tem medo de falar que está fazendo RP e não tem registro. Pode-se colocar em uma situação difícil. Alguém pode dizer "Mas o senhor não é relações-públicas!" e de fato está fazendo. Isso se deve a uma época da categoria. Não mais. Um cartãozinho que exibisse "relações-públicas" (como cargo) fazia o sujeito ser execrado em praça pública. E isso não foi saudável, foi?

18) **Em sua opinião, quais atitudes deveriam ser tomadas de imediato para o fortalecimento da profissão? E como a pesquisa acadêmica entra nesse processo?**

A pesquisa acadêmica precisa começar a ter visibilidade. O cenário está pronto para começar a publicar mais. Acho que as pessoas estão mais conscientes de que isso é uma necessidade. Artigo, livro, tem de escrever. Eu, recentemente, fiz um artigo sobre RP e turismo. Fiz questão, até, de fazer. Porque assim se envia essa área para outros espaços e mostra como é que nós podemos nos unir profissionalmente. Procurar divulgar a profissão em outros espaços. Os RPs têm de parar de se parabenizar, de se autocongratular. Precisam procurar outros espaços para ir mesclando, reciclando. A síndrome da falta de identidade não fez bem para ninguém.

Entrevista realizada em 18 de janeiro de 2000, na residência da entrevistada

DADOS GERAIS

a) **Nome:** Cristina Giácomo.
b) **Sexo:** Feminino.
c) **Graduada em:** Relações Públicas.
d) **Ano de graduação:** 1987.
e) **Instituição em que se graduou:** Faculdade de Comunicação Social Cásper Líbero.
f) **Pós-graduação:**
(X) Mestrado – Dissertação/ano: ECA/USP.
(X) Doutorado – Tese/ano: PUC/SP.
( ) Livre-docência – Tese/ano:
g) **Livro publicado:** *Tudo acaba em festa – Evento, líder de opinião, motivação e público*, 1995.
h) **Foi originário de sua pesquisa? Qual?**
Sim, de mestrado.

DADOS ESPECÍFICOS

1) **Como a sra. encara a condição das RP no final do século XX?**
Eu acho que elas estão muito aquém de onde poderiam estar. É a hora e a vez das Relações Públicas e não sei por que isso ainda não foi percebido pela própria área. Está padecendo de identidade. Falta maior identidade para as Relações Públicas, principalmente no âmbito interno – nas associações, nas escolas, não existe ainda uma identidade clara.

2) **A sra. acredita que a produção intelectual nas instituições de ensino superior, em nível e número, tem crescido, está estabilizada ou tem diminuído?**

Eu acredito que esteja aumentando devagar, mas está aumentando.

3) **Como a sra. vê a relação entre o mundo editorial e as universidades/faculdades? Acredita que haja boa vontade e interesse de ambas as partes?**
Não, eu não acho que haja boa vontade. A universidade está fechada dentro dela mesma. Ela gira em torno de si. Ela não se abre; é muito fechada, em todos os sentidos, inclusive o mercado editorial. Existe o mundo acadêmico, que são a universidade e seus pesquisadores, e o resto do mundo. É uma questão de espaço profano e de espaço sagrado. A universidade se vê como um espaço sagrado. O resto do mundo, do beiral daquela porta em diante, seria o espaço profano – o mercado de trabalho, o mundo.

4) **Como encara o papel do relações-públicas no sentido da evolução da profissão? As pesquisas têm sido em número suficiente? E quanto às temáticas?**
Falta muito. Já existe um movimento – ainda que lento – desde o tempo em que eu era aluna de graduação para cá.

5) **Como a sra. vê a questão da desregulamentação, discutida em Congresso Nacional pela ABRP, em 1997? E quanto ao processo de revisão da Legislação?**
Eu encaro essa discussão como uma coisa muito saudável. Eu sou contra a obrigatoriedade do diploma de Relações Públicas, que é uma profissão que pouca gente sabe o que é. Aos interesses de quem serve essa obrigatoriedade?

6) **Segundo alguns renomados profissionais de RP, participantes do processo de regulamentação, essa foi prematura e num momento de imaturidade da profissão. Concor-**

da com isso e acredita que possa ter sido um forte entrave ao desenvolvimento da atividade?

Se eu disser que ela foi prematura e inadequada, estou concordando com a legislação. Eu discordo da legislação. Eu acho que o RP tem de ter nível superior. Acho que as coisas muito controladas, muito regulamentadas, me dão uma sensação de entrave.

7) **Qual é a sua opinião sobre as entidades de classe de Relações Públicas? A qual delas é associada?**

A minha opinião – pegando carona numa questão anterior – é de que são prematuras e inadequadas. Elas não cumprem os objetivos de uma representação de classe e carecem de identidade e legitimidade, que seriam dadas pelos profissionais e que não o são. A gente tem de se associar a instituições porque elas nos dão vantagens, de alguma maneira. Eu já procurei saber quais as vantagens e não vi nenhuma. A única à qual eu sou vinculada é o Conselho Regional, exatamente para não criar um problema com a legislação federal. Mas eu não freqüento, não participo, nunca fiz parte de nenhuma diretoria. Se liberassem a exigência do diploma de RP, isso poderia mudar. A discussão é muito importante.

8) **Como tem visto a evolução da profissão? Fala-se no crescimento do número de agências, incluindo a chegada de agências estrangeiras de Relações Públicas, como sendo o futuro da profissão – e a proporcional diminuição de oferta de emprego em organizações. Concorda? Como vê o futuro da atuação de Relações Públicas?**

Vou fazer um recorte antes. Trabalhar no departamento de uma empresa é mais complicado do que trabalhar fora. Você trabalhar e apontar equívocos ou entraves de comunicação dentro de uma empresa de que você faz parte é muito complicado. É muito mais fácil você diagnosticar problemas, apontar soluções de fora. E você também é respeitado de outra maneira. O cliente, a instituição, vai tratá-lo com mais respeito (sendo uma assessoria externa) do que se você trabalhasse internamente. Porque você custa tanto. Ele sabe o quanto custa aquele seu trabalho. Ele autorizou você a fazer. Assim, eu acredito que esse seja mesmo o caminho.

9) **Quanto aos livros específicos de Relações Públicas, pensamos que são escassos e que sua atualização é pouca. Concorda? Em caso afirmativo, na sua opinião, qual é a causa dessa baixa produção? Em caso negativo, justifique.**
Eu acho que é baixa e tem a ver com essa falta de identidade. Os RP padecem de um complexo de inferioridade, de achar que são menos que os outros. Pensa que ele não é uma coisa séria, de peso e escrever livro é uma coisa séria. Aí pensam: "Quem sou eu para escrever um livro?".

10) **Quantos livros de RP a sra. adquiriu no último ano? E de áreas afins? Cite-os.**
Sem resposta.

11) **A sra. tem acesso a revistas ou periódicos específicos de Relações Públicas? Em caso afirmativo, cite-os.**
Não tenho. Tenho acesso à revista dos alunos da Cásper, *Ação*. Antigamente o Conrerp editava uma revista.

12) **Já escreveu alguma obra que não chegou a ser publicada? Em caso afirmativo, quais as causas da não-publicação?**
Não. A minha tese de doutorado era muito específica de diplomacia. Não caberia fazer dela um livro. Para quem interessa, o Itamaraty tem um volume.

13) **Como foi o processo de publicação de sua obra originária de pesquisa – o contato, a relação com a editora, o prazo de duração do processo de negociação?**
Foi muito engraçado, como tudo na minha vida. Uma antiga professora do departamento de Relações Públicas da Cásper Líbero me sugeriu publicar a dissertação de mestrado. E eu disse: "Mas quem vai querer publicar?" Ela sugeriu que eu entregasse ao professor André Porto Alegre [à época, membro do departamento de Publicidade e Propaganda da Cásper Líbero]. Eu dei o disquete para ele ler o texto e no dia seguinte ele me ligou dizendo que tinha passado a noite inteira lendo e se eu toparia mudar algumas coisinhas, deixar menos acadêmico, com menos citações. E contar umas historinhas verdadeiras, uns causos, que tivessem a ver com a teoria. Inclusive foi ele que deu o título. Fiz as alterações e em pouquíssimas semanas eu entreguei o material.

14) **Tem algum projeto em andamento para escrever uma obra na área de RP no curto prazo? Fale a esse respeito.**
Existe a idéia de eu fazer mais dois livros. Um sobre etiqueta, cerimonial e protocolo no terceiro milênio e outro sobre Relações Públicas, mesmo.

15) **Acredita que uma revitalização da produção bibliográfica de RP poderia estimular o crescimento da profissão?**
Não sei se o crescimento da profissão, mas eu acho que toda colaboração vem bem.

16) **Em algumas áreas de atuação, há freqüentes lançamentos de publicações ancoradas em experiências profissionais, os chamados *cases*. Em RP, isso não é freqüente. Contudo, os prêmios da categoria, aulas, palestras, sempre explo-**

ram a temática dos *cases*. Para a sra., por que esses *cases* não resultam em livros?

Os profissionais vão ganhar dinheiro. Os profissionais competentes não ficam batendo na porta [das editoras] para publicar livros.

17) **Temos uma enxurrada de termos como comunicação empresarial, marketing institucional, comunicação corporativa, comunicação institucional, marketing de relacionamento, dentre outros, tornando-se modismos e até ganhando *status* de profissão, quando em geral tocam nos mesmos temas de Relações Públicas, uma profissão regulamentada há 32 anos. Em sua opinião, qual deveria ser a postura dos profissionais e dos órgãos representativos da categoria em relação a essa questão?**

Honestamente, nenhuma.

18) **Em sua opinião, quais atitudes deveriam ser tomadas de imediato para o fortalecimento da profissão? E como a pesquisa acadêmica entra nesse processo?**

Eu acho que a academia deveria ir buscar essa gente do mercado – Rolim Valença, Vera Giangrande. Trazê-los para a escola e dar em troca alunos bem formados e motivados para ir para o mercado de trabalho. Aí a turma pára de ficar lendo os teobaldos da vida, que nunca trabalharam em nenhum lugar.

Entrevista realizada entre 1º e 3 de fevereiro
de 2000 por E-MAIL

DADOS GERAIS

a) **Nome:** Waldyr Gutierrez Fortes.
b) **Sexo:** Masculino.
c) **Graduado em:** Comunicação Social, Habilitação em Relações Públicas.
d) **Ano de graduação:** 1973.
e) **Instituição em que se graduou:** Faculdade de Comunicação Social Anhembi, hoje Anhembi-Morumbi.
f) **Pós-graduação:**
(X) Mestrado – 1987
(X) Doutorado – 1993
g) **Livros publicados:**
- *Pesquisa institucional: diagnóstico organizacional para Relações Públicas*, 1990;
- *Datas comemorativas para eventos e programações de Relações Públicas e calendário promocional em marketing*, 1997;
- *Relações públicas: processo, funções, tecnologia e estratégias*, 1998;
- *Transmarketing: estratégias avançadas de Relações Públicas no campo do marketing*, 1999.

h) **Foram originários de suas pesquisas? Quais?**

O primeiro foi publicado pelas Edições Loyola e teve como base o anexo de minha dissertação de mestrado, cujo tema foi: O Processo de Relações Públicas na Administração das Médias e Pequenas Empresas.

O segundo foi publicado pela editora da Universidade Estadual de Londrina (UEL) e é decorrente da prática profissional e de verificar a necessidade deste tipo de material para a disciplina de Planejamento de Eventos, para que não ficássemos restritos às datas tradicionais.

O terceiro foi publicado pela editora da UEL e aproveitou o conteúdo de Relações Públicas desenvolvido na dissertação de mestrado, sendo atualizado e modernizado com as questões da Internet.

O quarto foi publicado pela Summus Editorial. Tem ligação direta com a tese de doutorado, que teve como tema: Relações Públicas no Campo do Transmarketing: Contribuição à Administração Estratégica Praticada nas Organizações.

DADOS ESPECÍFICOS

1) **Como o sr. encara a condição das RP no final do século XX?**

    As condições para o desenvolvimento da área são muito favoráveis. O movimento de globalização de mercados e a entrada do capital estrangeiro no país trazem oportunidades de expansão industrial, comercial e de prestação de serviços que, inevitavelmente, acarretam a necessidade do trabalho de comunicação, não somente com os mercados, mas com todos os grupos de interesse nos negócios que se implantam. O problema é que, como se viu na implantação da Telefônica, em São Paulo, esses empresários desconhecem completamente o país e os seus mercados e acabam agindo de maneira prepotente, desconsiderando os mais elementares direitos do cidadão. Quando "descobrem" a realidade, as oportunidades são para um trabalho consistente de Relações Públicas.

2) **O sr. acredita que a produção intelectual nas instituições de ensino superior, em nível e número, tem crescido, está estabilizada ou tem diminuído?**

    Esta é uma questão complicada. Como ponto principal, acredito que a profissão de Relações Públicas cresce conforme o que é discutido e desenvolvido na academia; quem está somente no mercado de trabalho não produz e não se atualiza. Entretanto, para haver uma produção científica consistente, é necessário um investimento que, normalmente, encontramos somente nas universidades públicas. Porém, mesmo nessas instituições, é muito difícil encontrar um tempo para essa produção. A produção intelectual fica restrita a alguns autores (sempre os mesmos) que, por questões de viés pessoal, responsabilizam-se por essa produção.

3) **Como o sr. vê a relação entre o mundo editorial e as universidades/faculdades? Acredita que haja boa vontade e interesse de ambas as partes?**
Esse é um grande problema, de difícil solução. As editoras com fins comerciais pouco se interessam pela produção acadêmica em geral, publicando títulos risíveis que, se não fosse verdade, dão vontade de chorar (incluem-se aí os ditos livros de auto-ajuda, que estão presentes até na área de administração – Como fazer..., Como ser... etc.). Enfrentam, ainda, um grande problema, que são as cópias xerox. Como digo para os meus alunos, cada cópia feita de um livro é um desestímulo à produção de novos títulos. Essa situação se agrava, porque muitos professores "trabalham" com cópias de livros pelo total despreparo, preferindo dar ao aluno algo mastigado, que o satisfaça, e que não acarrete novas cobranças. As editoras sem fins comerciais, como as universitárias, carecem de qualidade na produção do material e/ou na distribuição das obras (sem distribuição não há venda...).

4) **Como encara o papel do relações-públicas no sentido da evolução da profissão? As pesquisas têm sido em número suficiente? E quanto às temáticas?**
Existe uma falta de solidariedade profissional em Relações Públicas (não sei se isso também acontece com outras profissões,

mas na nossa é evidente). Por ser uma atividade que comporta inúmeras interpretações, os seus praticantes, normalmente, não gostam muito de divulgar o que fazem no dia-a-dia do seu trabalho, não permitindo uma verificação de consistência do que acontece no mercado de trabalho da área. Tenho a impressão de que a pesquisa é incipiente e em volume muito baixo para trazer realmente uma contribuição além daquela oferecida pela academia.

5) **Como o sr. vê a questão da desregulamentação, discutida em Congresso Nacional pela ABRP, em 1997? E quanto ao processo de revisão da Legislação?**
Concordo com a "desregulamentação", se for feita para todas as profissões legalizadas. Sem isso, seria um movimento quixotesco sem nenhum sentido. A revisão da legislação também é perigosa. Isso pode acarretar uma descaracterização do que existe, pois não temos uma consciência de classe que pudesse ser mobilizada para impedir que qualquer legislador coloque o que quiser na nossa lei. Lembro que, quando estava sendo discutida uma reformulação da legislação dos administradores, havia sido colocado no corpo do texto legal que as Relações Públicas também seriam uma responsabilidade daqueles profissionais.

6) **Segundo alguns renomados profissionais de RP, participantes do processo de regulamentação, essa foi prematura e num momento de imaturidade da profissão. Concorda com isso e acredita que possa ter sido um forte entrave ao desenvolvimento da atividade?**
Por princípio, acredito que o bom profissional não precisa de nenhuma lei para destacar-se no mercado de trabalho (o que vemos, atualmente, é isto: não se pergunta no que a pessoa é formada, mas sobre o que ela sabe fazer). O momento históri-

co da criação da lei justifica o movimento ocorrido (regime militar etc. etc. etc.). Na realidade, nem o profissional nem o mercado deram importância a essa legislação: a profissão é o que é independentemente da lei. Entretanto, acredito ser importante a manutenção de algum mecanismo legal para dar às Relações Públicas um caráter institucional, para que não se torne uma atividade de nível médio ou simplesmente um conjunto de técnicas que qualquer um pode aprender e desenvolver.

7) **Qual é a sua opinião sobre as entidades de classe de Relações Públicas? A qual delas é associado?**

Sou associado à Associação Brasileira de Relações Públicas desde a época de estudante (já fui diretor, presidente da Câmara Superior Permanente e outras "coisitas"). Filiei-me ao Conselho Regional de Profissionais de Relações Públicas após a minha formatura por exigência da empresa em que fui trabalhar, pois antes não tinha dinheiro para isso, e sempre gostei mais da ABRP (eu achava o Conselho muito estranho e não entendia muito bem as suas atribuições).

Acredito que nossas entidades de classe também padecem da mentalidade que favorece o egoísmo (o que vou ganhar com isto???), não existindo nas novas gerações a mentalidade do coletivo, do bem comum, que traria proveito para todos. Essas pessoas entendem que não têm nada com a ABRP ou com o Conselho, mas reclamam quando pessoas ocupam indevidamente posições ou não vêem a evolução da profissão.

8) **Como tem visto a evolução da profissão? Fala-se no crescimento do número de agências, incluindo a chegada de agências estrangeiras de Relações Públicas, como sendo o futuro da profissão – e a proporcional diminuição de oferta de emprego em organizações. Concorda? Como vê o futuro da atuação de Relações Públicas?**

Acredito que o futuro das Relações Públicas está efetivamente nas agências externas, embora isso acarrete um trabalho parcial de relacionamento com os públicos. Sem conhecer o dia-a-dia da empresa é muito difícil propor algo realmente estratégico e consistente com o interesse dos públicos e com o interesse público maior de uma comunidade, por exemplo. Entretanto, o modelo de redução e de simplificação de estruturas nas empresas mais modernas impede, efetivamente, a existência de setores completos de comunicação, que reunam profissionais de Relações Públicas, jornalistas, publicitários. Um modelo que acho muito interessante (que acredito também existir em outras localidades) é o experimentado por algumas agências de Londrina, que mantêm um profissional de Relações Públicas nas empresas que atendem, justamente para dar esse suporte estratégico, entrando os demais profissionais sempre que necessário. Nota-se que alguns desses profissionais são contratados pelas empresas nas quais prestavam serviços em nome da agência externa.

9) **Quanto aos livros específicos de Relações Públicas, pensamos que são escassos e que sua atualização é pouca. Concorda? Em caso afirmativo, na sua opinião, qual é a causa dessa baixa produção? Em caso negativo, justifique.**
Concordo com a afirmativa e esta pergunta aproxima-se do que já respondi nas questões 2 e 3. O que está faltando é a tradução de obras, principalmente dos EUA, para que os nossos alunos possam dar uma "respirada" em novas obras e em novas idéias. Logicamente, a Internet ajuda muito nesse ponto, mas não é a mesma coisa: ter o livro, em português, nas mãos (evidentemente, as editoras não vão arriscar tanto).

10) **Quantos livros de RP o sr. adquiriu no último ano? E de áreas afins? Cite-os.**

Especificamente de Relações Públicas, os últimos que adquiri foram os dois da Margarida [Maria Krohling Kunsch *Obtendo...* e *Modernidade...*] e o da Sidinéia [Gomes Freitas]. Compro obras da área de marketing e de administração, por interesse pessoal e por ser nessa área que desenvolvo os meus trabalhos e a ênfase das minhas aulas. Porém, nesses dois campos, a qualidade do que é levado ao mercado está muito baixa (parece ser um movimento geral, a queda da qualidade da produção de obras).

11) **O sr. tem acesso a revistas ou periódicos específicos de Relações Públicas? Em caso afirmativo, cite-os.**
Específicos de Relações Públicas, não.

12) **Já escreveu alguma obra que não chegou a ser publicada? Em caso afirmativo, quais as causas da não-publicação?**
A tentativa inicial de publicação da dissertação de mestrado (*Relações públicas nas pequenas e médias empresas*) não foi vitoriosa.

13) **Como foi o processo de publicação de suas obras originárias de pesquisa – o contato, a relação com a editora, o prazo de duração do processo de negociação?**
Esta pergunta se refere aos resultados (numéricos? qualitativos?) específicos de uma pesquisa? Se for isso, não se aplica ao meu caso.

Se for decorrente do aproveitamento dos meus trabalhos de pós-graduação, o que determina a publicação de uma obra é o conhecimento que o editor tem sobre a matéria, ou seja, se já publicou outras obras da área e se obteve sucesso. Quando tentei em editoras sem obras de Relações Públicas ou de Comunicação, não consegui nada.

A edição de um livro é um processo muito "esquisito": você trabalha na obra até cansar, entrega ao editor e perde totalmente o controle. O que mais demora é a decisão de publicar ou não o material. A negociação não existe, o resultado é praticamente um padrão.

14) **Tem algum projeto em andamento para escrever uma obra na área de RP no curto prazo? Fale a esse respeito.**
Pretendo publicar por uma boa editora o meu terceiro livro – *Relações Públicas: processo, funções, tecnologia e estratégias*, editado pela UEL. É um livro de interesse amplo e que vende bem, mesmo sem nenhuma divulgação.

15) **Acredita que uma revitalização da produção bibliográfica de RP poderia estimular o crescimento da profissão?**
Quanto a isto, não tenho a menor dúvida. Uma profissão se consolida a partir do momento em que os seus resultados podem ser apreciados por profissionais de outras áreas, como acontece com o marketing e a publicidade, profissões altamente expostas e que conseguem demonstrar com facilidade os resultados de suas aplicações.

16) **Em algumas áreas de atuação, há freqüentes lançamentos de publicações ancoradas em experiências profissionais, os chamados *cases*. Em RP, isso não é freqüente. Contudo, os prêmios da categoria, aulas, palestras sempre exploram a temática dos *cases*. Para o sr., por que esses *cases* não resultam em livros?**
Pelos mesmos fatores anteriormente abordados. Já ouvi de grandes profissionais da área que não escreviam e publicavam as suas experiências para que os livros não fossem copiados em xerox pelos alunos nas escolas, o que, evidentemente, não acarreta nenhum benefício financeiro aos seus autores. O ca-

so do sr. Nelson Speers, que tem controle total sobre suas obras na área de Cerimonial Público e Protocolo, é exemplar. Quanto à sistemática de estudo de casos (prefiro em português, *casos*), sou um grande defensor. Tanto é assim que, ao publicar na minha página os vencedores do Prêmio Opinião Pública, o que procuro é estimular essa prática.

17) **Temos uma enxurrada de termos como comunicação empresarial, marketing institucional, comunicação corporativa, comunicação institucional, marketing de relacionamento, dentre outros, tornando-se modismos e até ganhando *status* de profissão, quando em geral tocam nos mesmos temas de Relações Públicas, uma profissão regulamentada há 32 anos. Em sua opinião, qual deveria ser a postura dos profissionais e dos órgãos representativos da categoria em relação a essa questão?**

Concordo totalmente com a sua afirmação. O que incomoda os que estimulam essa adjetivação descarada é que eles não têm o *status* intelectual do professor Teobaldo ou do professor Simões. Para sobressair, ficam inventando coisas sem sentido. É pura ignorância, é falta do que fazer, é pobreza intelectual, é oportunismo deslavado e vergonhoso. Contra isso, somente a competência dos que acreditam nas Relações Públicas.

18) **Em sua opinião, quais atitudes deveriam ser tomadas de imediato para o fortalecimento da profissão? E como a pesquisa acadêmica entra nesse processo?**

Na pós-graduação da área está a chave para melhorar a qualidade dos professores da área. Com professores melhores, teremos melhores alunos e melhores, ainda, profissionais. O que incomoda um pouco é a proliferação de cursos de comunicação, embora na área de Relações Públicas não haja tantos cursos novos como Publicidade e Propaganda (só no Norte do Paraná, nos últimos dois anos, abriram pelo menos cinco cursos de PP sem profissionais competentes da área para ministrar as aulas). Poderia ser pensado, e acredito nisto, um exame pelo Conselho ou por outro órgão a ser institucionalizado para verificar a qualidade desses egressos. Poderiam também ser promovidos cursos de especialização profissionalizantes, com duração de dois anos, e mediante exame pelo órgão fiscalizador, para registrar esses interessados pela área de Relações Públicas.

PESQUISA COM COORDENADORES DE
CURSOS DE GRADUAÇÃO EM RELAÇÕES
PÚBLICAS E COM COORDENADORES
DE CURSOS DE PÓS-GRADUAÇÃO
EM COMUNICAÇÃO

ENTREVISTAS

Graduação

ENTREVISTA REALIZADA EM 14 DE DEZEMBRO DE 1999, NAS DEPENDÊNCIAS DA CÁSPER LÍBERO

a) **Entrevistado:** Professor Nilton Sérgio Claret.
b) **Formação:** Graduado em Jornalismo, Letras e Pedagogia.
c) **Atuação docente:** Cásper Líbero.
d) **Tempo na coordenação:** 6 anos.

1) Habilitações oferecidas pelo Curso de Comunicação Social:
   (X) Relações Públicas (X) Jornalismo
   (X) Publicidade e Propaganda

2) Número de docentes na habilitação Relações Públicas: 20.

3) Número médio de formandos/ano (em RP): 45.

4) Número de formandos desde 1990 (em RP): 450.

5) Número de vagas oferecidas no último vestibular (em RP): 60 (matutino) e 60 (noturno) = total 120.

6) Relação candidato/vaga nos vestibulares na década de 1990 (em RP): 7,1.

7) Há alguma publicação regular específica do curso/habilitação Relações Públicas em sua instituição?
Revista *Ação*.

8) Quais são os critérios para escolha de bibliografia?
Atualização.

9) Esse processo é feito pela coordenação, pelo docente de cada disciplina ou ocorre de forma colegiada?
Cada docente faz a seleção.

10) Há integração interdisciplinar no que se relaciona à bibliografia?
Sim.

11) Existe algum processo de pesquisa no sentido de buscar referencial teórico em teses e dissertações, mesmo não editadas?
Não é comum.

12) Qual é a média de idade da literatura de RP atualmente utilizada em seu curso (referindo-se ao lançamento)?
Década de 1990.

13) Está satisfeito com as publicações existentes? Têm sido suficientes para atualizar a área?
Não.

14) Há alguma relação direta com editoras? Em caso afirmativo, conte a esse respeito.
Sim, com as editoras Summus, Vozes e Makron.

15) É hábito que se estabeleça uma bibliografia específica?
Sim.

16) Os TCCs/Projetos Experimentais são publicados? São divulgados? Qual é o nível destes?
Não são publicados ou divulgados, mas o nível é muito bom.

17) Qual é a preocupação em formar pesquisadores e há algum encaminhamento dos alunos para a pós-graduação?
Pretende-se implantar isso no futuro.

Entrevista realizada em 13 de dezembro de 1999, no CRP-ECA-USP

Entrevistada: Professora doutora Margarida M. K. Kunsch.

1) Habilitações oferecidas pelo Curso de Comunicação Social:
   (X) Relações Públicas   (X) Jornalismo
   (X) Publicidade e Propaganda   (X) Editoração
   (X) Radialismo, Cinema   (X) Turismo
   (X) Biblioteconomia

2) **Número de docentes na habilitação Relações Públicas:** 4.

3) **Número médio de formandos/ano (em RP):** 15.

4) **Número de formandos desde 1990 (em RP):** 150.

5) **Número de vagas oferecidas no último vestibular (em RP):** 25.

6) **Relação candidato/vaga nos vestibulares na década de 1990 (em RP):** Resposta não disponível.

7) **Há alguma publicação regular específica do curso/habilitação Relações Públicas em sua instituição?**
   Boletim Repensando (não tem regularidade).

8) **Quais são os critérios para escolha de bibliografia?**
   Fica a caráter de cada docente.

9) Esse processo é feito pela coordenação, pelo docente de cada disciplina ou ocorre de forma colegiada?
É feito por cada professor.

10) Há integração interdisciplinar no que se relaciona à bibliografia?
Não há trabalho nesse sentido.

11) Existe algum processo de pesquisa no sentido de buscar referencial teórico em teses e dissertações, mesmo não editadas?
Depende do critério de cada professor.

12) Qual é a média de idade da literatura de RP atualmente utilizada em seu curso (referindo-se ao lançamento)?
Mesclam-se os clássicos aos atuais.

13) Está satisfeita com as publicações existentes? Têm sido suficientes para atualizar a área?
Houve melhoria, mas ainda insuficiente, inclusive de traduções.

14) Há alguma relação direta com editoras? Caso afirmativo, conte a esse respeito.
Há contatos com as editoras Pioneira, Futura, Summus. Mas a maior cooperação é com a Pioneira.

15) É hábito que se estabeleça uma bibliografia específica?
Cada professor tem seu método.

16) Os TCCs/Projetos Experimentais são publicados? São divulgados? Qual é o nível destes?
Vai ser iniciado um trabalho de divulgação em parceria com a Aberje, pela Internet.

17) Qual é a preocupação em formar pesquisadores e há algum encaminhamento dos alunos para a pós-graduação?
Não há. Contudo, hoje há quatro alunos bolsistas desenvolvendo atividades ligadas à iniciação científica.

Pós-Graduação

ENTREVISTA REALIZADA EM 2 DE DEZEMBRO DE 1999, NAS DEPENDÊNCIAS DA CÁSPER LÍBERO

a) **Entrevistado:** Professor doutor Mitsuro Higuchi Yanaze.
b) **Formação:** Graduado em Propaganda, mestre em Marketing, doutor em Comunicação Institucional.
c) **Atuação docente:** Cásper Líbero, Universidade de São Paulo e Universidade Paulista.
d) **Tempo na coordenação:** 2 anos.

1) Pós-graduação:
   (X) Mestrado ( ) Doutorado

2) **Área de concentração:** Comunicação e Mercado.

3) **Linhas de pesquisa:** Planejamento e Gestão da Comunicação; Produção, Leitura e Recepção da Comunicação.

4) **Número de pesquisas em andamento cujos temas sejam relacionados à área de RP:** 4.

5) **Número total de pesquisas concluídas na década de 1990:** 2 (o curso iniciou-se em 1997).

6) **Número dessas pesquisas cujos temas foram relacionados a RP. Há essa informação?**
Zero.

7) **Quantidade de teses e dissertações editadas. A instituição tem essa preocupação? Há essa política? Caso afirmativo, quais foram os livros resultantes?**

Sim, há a preocupação, mas ainda não foi efetivada.

8) **Quantas dessas eram relativas a RP?**
Zero.

9) **Número de docentes: 15.**

10) **Número de docentes cuja formação de origem seja RP: 1** (em licença).

11) **Número de docentes cujas pesquisas (dissertações/teses) tenham sido direcionadas a RP: 2.**

12) **Número de docentes que pesquisa atualmente assuntos ligados a RP: 1.**

13) **Há vínculo entre a pós-graduação e o mercado editorial?**
Não formalmente, mas existe relação com as editoras Atlas e Makron.

14) **Existe uma publicação (revista) regular? Caso afirmativo, quantos artigos foram abordados sobre a área de RP, por edição?**
Sim, existem duas publicações. Uma voltada a trabalhos dos alunos (revista *Thésis*), outra para a divulgação das pesquisas dos docentes (revista *Líbero*).

Entrevista realizada em 10 de dezembro de 1999, no CRP da ECA/USP

a) **Entrevistado:** Professor doutor Waldir Ferreira.
b) **Formação:** Graduado em Relações Públicas, mestre em Artes e doutor em Comunicação.
c) **Atuação docente:** Universidade de São Paulo.
d) **Tempo na coordenação:** 2 anos.

1) **Pós-graduação:**
   (X) Mestrado (X) Doutorado (X) L.-Docência

2) **Área de concentração:** Relações Públicas, Propaganda e Turismo.

3) **Linhas de pesquisa:** Comunicação Institucional: políticas e processos.

4) **Número de pesquisas em andamento cujos temas sejam relacionados à área de RP:** 53.

5) **Número total de pesquisas concluídas na década de 1990:** Não disponível.

6) **Número dessas pesquisas cujos temas foram relacionados a RP. Há essa informação?** Não disponível.

7) **Quantidade de teses e dissertações editadas. A instituição tem essa preocupação? Há essa política? Caso afirmativo, quais foram os livros resultantes?**
   Sim, há a preocupação, mas ainda não foi efetivada. Não há controle sobre a edição de teses e dissertações. A instituição pretende tornar obrigatória a publicação de todas as pesqui-

sas de pós-graduação, antes de sua defesa/apresentação à Banca Examinadora.

8) **Quantas dessas eram relativas a RP?**
Valor desconhecido.

9) **Número de docentes:** 10.

10) **Número de docentes cuja formação de origem seja RP:** 4.

11) **Número de docentes cujas pesquisas (dissertações/teses) tenham sido direcionadas a RP:** 10.

12) **Número de docentes que pesquisam atualmente assuntos ligados a RP:** 10.

13) **Há vínculo entre a pós-graduação e o mercado editorial?**
Não.

14) **Existe uma publicação (revista) regular? Caso afirmativo, quantos artigos foram abordados sobre a área de RP, por edição?**
A ECA tem duas revistas, contudo não exclusivas da pós-graduação. Planeja-se, para breve, o lançamento de um veículo que atenda exclusivamente a pós-graduação. Contudo, artigos vêm sendo publicados por conta dos próprios alunos e alguns livros têm sido editados, a partir dos trabalhos dos professores e, em alguns casos, com a participação de alunos.

Anexo III – Conclusões do Parlamento Nacional de Relações Públicas

CONCLUSÕES DO PARLAMENTO NACIONAL DE RELAÇÕES PÚBLICAS

O Parlamento Nacional de Relações Públicas foi o esforço, realizado pela categoria sob o comando do seu Conselho Federal, com o intuito de modernizar a atividade adequando-a às exigências dos novos tempos.

Regulamentada há mais de trinta anos através da Lei 5.377, de 11 de dezembro de 1967, ocasião em que a sociedade e a economia possuíam características absolutamente diferentes às observadas hoje, a profissão de Relações Públicas estava exigindo uma profunda reflexão para melhor cumprir sua finalidade precípua de orientar para otimizar estrategicamente a interação dos elementos componentes da sociedade e da economia.

Através do Parlamento Nacional ao longo de mais de quatro anos, os profissionais de Relações Públicas interessados tiveram a possibilidade de manifestar suas dúvidas, inquietações, insatisfações e posicionamentos. Todo o vasto material resultante foi finalmente formatado para, sob a organização do Conferp, ser conhecido, avaliado e votado em reuniões regionais especialmente convocadas.

O resumo das posições regionais deu origem ao documento Conclusões do Parlamento Nacional de Relações Públicas, que ora apresentamos, o qual foi aprovado pela instância consultiva maior dos profissionais de Relações Públicas, reconhecida por lei: o Órgão Consultivo do Conferp, na sua 17ª Reunião realizada em Brasília em 21 de dezembro de 1997.

Sendo o Conbrarp (Congresso Brasileiro de Relações Públicas) um evento que pela sua natureza congrega e ecoa os rumos das Relações

Públicas no Brasil, a Diretoria do Conselho Federal de Profissionais de Relações Públicas (Conferp) determinou tornar público este documento durante o xv Conbrarp, realizado em Salvador/BA durante os dias 5, 6 e 7 de agosto de 1998.

Os profissionais de Relações Públicas do Brasil, participantes do amplo debate democrático denominado Parlamento Nacional, discutiram, desenvolveram, ao longo de quatro anos, discussões organizadas regionalmente, o que permitiu a todos quantos tivessem interesse a adequação da profissão para se inserir no moderno mundo globalizado e no novo modelo de sociedade que está sendo construído pelo povo brasileiro. Justamente por isso, estão em condições de reafirmar plenamente a convicção de que a profissão de Relações Públicas é legítima detentora de um espaço contributivo importante nessa construção.

Como resultado desse amplo debate, apresentamos os consensos obtidos e a formatação das Conclusões Gerais, preparada pela Comissão Redatora nomeada pelo Conferp, reunida em Atibaia-SP em outubro de 1997.

Observações da Comissão Redatora:

O presente documento é uma versão baseada nos acordos remetidos pelos Conselhos Regionais conforme Instruções para a Operacionalização da Etapa Final do Parlamento Nacional de Relações Públicas, aprovado pelo Conselho Consultivo realizado em Brasília em 11 de maio de 1996.

Ele explicita, dando forma literária aos acordos adotados pelos regionais, apresenta-os em forma de itens conforme discutidos. Os originais remetidos pelos Conselhos Regionais podem ser revisados na Secretaria do Conferp, em Brasília, à disposição para auditoria pública. O documento expressa anseios e posicionamentos da categoria, mas todos eles devem ser considerados apenas como propostas. Ninguém pode ser levado a pensar que, mesmo aprovados pela categoria, esses posicionamentos já têm existência legal. Eles constituem mandatos para os dirigentes da categoria que devem dedicar suas gestões à materialização dos acordos ora explicitados.

1. PROFISSÃO REGULAMENTADA

A profissão deve continuar sob a regulamentação de Lei, com a revisão necessária. No intuito de contribuir cada vez mais eficazmente em uma sociedade com progressiva aceleração na sua transformação e altíssima mutabilidade nos seus relacionamentos de toda ordem, torna-se urgente uma revisão permitindo clarificar seus preceitos mais relevantes e assim orientar para a excelência de resultados que de maneira insofismável, muito além da semântica, irão demarcar naturalmente os territórios da atuação profissional.

Embora seja propugnada uma revisão que dê à norma legal ar de modernidade, a lei deve continuar mantendo as características de generalidade e amplidão ora predominantes, pois se reafirma que genérico e amplo é o campo de atuação da profissão de Relações Públicas.

A nova redação da lei deve privilegiar o caráter gerencial da profissão por ser esse seu traço mais relevante e a maior contribuição que pode oferecer em termos de obtenção de resultados.

2. REGISTRO PROFISSIONAL

Sendo a decisão da categoria a manutenção da regulamentação, o corolário é que as condições de registro profissional continuam exatamente como indicadas na Lei.

Portanto, situações como as apresentadas pela Associação Internacional de Relações Públicas – Ipra, que aceita como associados no Brasil pessoas sem habilitação legal, ou das Forças Armadas e ainda do funcionalismo público que realizam atividades de Relações Públicas através de pessoas não registradas, continuam não encontrando amparo legal sendo obrigação dos Conrerps exigir o acatamento da Lei e manter sua atividade fiscalizadora com vigor.

3. CAMPO CONCEITUAL

3.1. Funções e Atividades Específicas

3.1.1. Nova conceituação:

A revisão da lei dentro do espírito exigido pela categoria acima assinalado leva à necessária modificação daquilo que, junto com a definição, constituem o âmago da profissão: a especificação dos comportamentos próprios que materializam sua natureza e que na lei 5.377 aparecem no Capítulo II - Das Atividades Profissionais, e no Decreto 63.283, que regulamenta a Lei, aparecem no Capítulo II - Do Campo e da Atividade Profissional.

Os profissionais de Relações Públicas do Brasil consideram que sua contribuição à sociedade dar-se-á no desenvolvimento de ações cujo escopo profissional precípuo detalham a seguir:

a) São funções das Relações Públicas:
a.1) diagnosticar o relacionamento das organizações com seus públicos.
a.2) prognosticar a evolução da reação dos públicos diante das ações das organizações.
a.3) propor políticas e estratégias que atendem às necessidades de relacionamento das organizações com seus públicos.
a.4) implementar programas e instrumentos que asseguram a interação das organizações com seus públicos.

b) São Atividades Específicas de Relações Públicas:

Realizar

b.1) diagnósticos e auditorias de opinião e imagem.
b.2) pesquisas de opinião e imagem.
b.3) planejamento estratégico de comunicação institucional.
b.4) programas que caracterizem a comunicação estratégica para a criação e manutenção do relacionamento das agremiações com seus públicos de interesse.
b.5) ensino de disciplinas de teorias e técnicas de Relações Públicas.
b.6) acompanhamentos e avaliações das ações acima descritas.

3.1.2. Textos obsoletos:

Por considerar que a nova conceituação e nova redação das epígrafes Funções das Relações Públicas e Atividades Específicas de Relações Públicas, detalhadas no item anterior, conseguem expressar de maneira mais clara a natureza operacional da nova realidade profissional, os Relações-Públicas do Brasil manifestam sua intenção de obsoletar os textos que na atual legislação aparecem conforme transcrito a seguir:

I) Lei 5.377 de 11/dez/67. Disciplina a Profissão de Relações Públicas.

Capítulo II - Das Atividades Profissionais.

Artigo 2º - Consideram-se atividades específicas de Relações Públicas as que dizem respeito:
a) à informação de caráter institucional entre a organização e o público através dos meios de comunicação;

b) à coordenação e planejamento de pesquisas de opinião pública, para fins institucionais;
c) ao planejamento e supervisão da utilização dos meios audiovisuais, para fins institucionais;
d) ao planejamento e execução de campanhas de opinião pública;
e) ao ensino das técnicas de Relações Públicas, de acordo com as normas a serem estabelecidas na regulamentação da presente lei;
II) Decreto 63.283 de 25/set/68. Regulamento da Lei 5.733.

Capítulo II - Do Campo e da Atividade Profissional.

Artigo 3º - A profissão de Relações Públicas, observadas as condições previstas neste Regulamento, poderá ser exercida como atividade liberal, assalariada ou de magistério, nas organizações de direito público ou privado, tendo por fim o estudo ou aplicação de técnicas de política social destinada à intercomunicação de indivíduos, instituições ou coletividades.

Artigo 4º - Consideram-se atividades específicas de Relações Públicas as que dizem respeito:
a) à orientação de dirigentes de organizações públicas ou privadas na formulação política de Relações Públicas;
b) à promoção de maior integração da organização na comunidade;
c) à informação e à orientação da opinião sobre objetivos elevados de uma organização;
d) ao assessoramento na solução de problemas institucionais que influam na posição da entidade perante a opinião pública;
e) ao planejamento e execução de campanhas de opinião pública;
f) à consultoria externa de Relações Públicas junto a dirigentes de organizações;

g) ao ensino oficial de disciplinas específicas ou de técnicas de Relações Públicas.

3.2. Definição mantida

A definição é a conceituação das atividades precípuas de uma função. Considera-se, então, que as modificações acima propostas para as Funções e Atividades Específicas conseguem oferecer, com suficiente clareza e ênfase, um novo foco para as Relações Públicas, onde sua atividade/fim é o papel de administrador dos relacionamentos necessários à consecução de objetivos, posicionando a comunicação e seus instrumentos como atividade/meio. Assim, manteve-se a definição da profissão conforme reza a legislação atual, por considerá-la adequada à generalidade do escopo profissional que se procura preservar.

4. PROJETO DE LEI

A revisão e as modificações conceituais solicitadas pela categoria corporificam-se através do seguinte Projeto de Lei:

PROJETO DE LEI Nº _____

Altera a Lei 5.377, de 11.12.67, que define as atividades específicas da profissão de Relações Públicas e dá outras providências.

A Câmara dos Deputados aprova: Art. 1º - O art. 1º, da Lei 5.377, de 11.12.67, passa a vigorar com a seguinte redação:

"Art. 1º - A designação de 'Relações Públicas' passa a ser privativa:
a) dos bacharéis formados nos respectivos cursos de nível superior;

b) dos que houverem concluído curso similar no estrangeiro, em estabelecimento legalmente reconhecido, após a revalidação de respectivo diploma no Brasil;
c) dos que possuírem formação superior em qualquer área de conhecimento e obtiverem o título de pós-graduação, lato ou *stricto sensu*, em Relações Públicas em curso ministrado por escola reconhecida e que mantenha Regularmente curso superior de Relações Públicas;
d) dos estrangeiros beneficiados por acordos firmados pelo Brasil e
e) dos que houverem obtido o registro profissional nos termos do então art. 6º desta lei.

Parágrafo único – As pessoas apontadas nas alíneas c e d obterão o direito expresso no *caput* deste artigo, cumpridas as exigências contidas no parágrafo único, do 3º, desta lei."

Art. 2º - O art. 2º, da Lei 5.377, de 11.12.67, passa a vigorar com a seguinte redação:

"Art. 2º - A profissão de Relações Públicas, observadas as condições previstas nesta lei, poderá ser exercida, como atividade liberal, assalariada ou de magistério, nas entidades de direito público ou privado, no contexto da conjuntura nacional e mediante as seguintes funções específicas:"

I - diagnosticar o relacionamento das organizações com os seus públicos;
II - prognosticar a evolução da reação dos públicos diante das ações das entidades;
III - propor políticas e estratégias que atendam às necessidades de relacionamento das organizações com seus públicos;
IV - implementar programas e instrumentos que assegurem a interação das organizações com seus públicos.

Parágrafo único - Consideram-se atividades específicas de Relações Públicas aquelas que dizem respeito ao cumprimento das funções apontadas no *caput*, a saber:

I - realizar:
a) pesquisas e auditorias de opinião e imagem;
b) diagnósticos de pesquisas e de auditoria de opinião e imagem;
c) planejamento estratégico de comunicação institucional;
d) pesquisa de cenário institucional;

II - estabelecer programas que caracterizem a comunicação estratégica para criação e manutenção do relacionamento das organizações com seus públicos de interesse;

III - planejar, coordenar e executar programas de:
a) interesse comunitário;
b) informação para a opinião pública;
c) comunicação dirigida;
d) utilização de tecnologia de informação aplicada à opinião pública;
e) esclarecimento de grupos, autoridades e opinião pública sobre os interesses da organização.

IV - ao ensino de disciplinas de teoria e técnicas de Relações Públicas;

V - avaliar os resultados dos programas obtidos na administração do processo de relacionamento das organizações com seus públicos."

Art. 3º - O art. 3º, da Lei 5.377, de 11.12.67, passa a vigorar com a seguinte redação:

"Art. 3º - O registro de Relações Públicas fica instituído com a presente lei e sua falta torna ilegal o exercício da profissão de Relações Públicas".

Parágrafo único – Para a obtenção do registro profissional, as pessoas mencionadas nas alíneas c e d do art. 1º, desta lei, deverão ser aprovadas em exame de qualificação profissional elaborado e aplicado conforme o disposto em Resolução do Conselho Federal de Profissionais de Relações Públicas."

Art. 4º - A Lei 5.377, de 11.12.67, passa a vigorar com a seguinte redação:

"Art. 4º - O registro referido no artigo anterior a fiscalização do exercício profissional serão feitos pelo SISTEMA CONFERP do Conselho Federal de Profissionais de Relações Públicas". Públicas, nos termos do disposto no art. 58, da Lei 9.649, de 27.05.98."

Art. 5º - O art. 5º, da Lei 5.377, de 11.12.67, passa a vigorar com a seguinte redação:

"Art. 5º - Esta Lei será regulamentada pelo Plenário do SISTEMA CONFERP do Conselho Federal de Profissionais de Relações Públicas, no prazo de 120 (cento e vinte) dias de sua publicação."

Art. 6º - Ficam revogados os artigos 6º e 7º, da Lei 5.377, de 11.12.67.

Art. 7º - Esta Lei entra em vigor na data de sua publicação.

Art. 8º - Revogam-se as disposições em contrário.

Justificativa:

A alteração proposta é oriunda de exaustivo estudo feito pela categoria profissional de Relações Públicas, denominado "Parlamento Nacional". Em síntese, podemos dizer que o "Parlamento Nacional de Relações Públicas" consistiu no debate realizado por todos os Conselhos Regionais existentes no país, coordenado pelo Conselho Federal.

Ressalta-se, ainda, que o "Parlamento Nacional de Relações Públicas" iniciou-se no ano de 1992 e somente em dezembro de 1997 foi concluído. Trata-se, portanto, de uma alteração nascida da mais democrática discussão entre os diretamente envolvidos no processo: os Profissionais de Relações Públicas de todo o país.

A aprovação da presente proposição virá representar um avanço extraordinário para a categoria profissional. Afinal de contas, o grande mérito do "Parlamento Nacional de Relações Públicas" foi o de se permitir que a categoria voltasse seus olhos para dentro de seus problemas e de suas angústias e fizesse sua profissão de fé em sua histórica vocação: a de preparar caminhos para que os relacionamentos fluam transparentes, justos e benéficos entre as organizações e seus públicos. Dada a importância da presente proposição, e demonstrado o valor para uma categoria que vem apresentando para a sociedade trabalho meritório, espero merecer a aprovação de meus pares.

5. PARTICIPAÇÃO EM ASSESSORIA DE COMUNICAÇÃO SOCIAL

A Chefia das Assessorias de Comunicação Social não é atribuição exclusiva do profissional de Relações Públicas. Recomenda-se que seja o profissional de Relações Públicas devido à sua visão mais abrangente do processo comunicacional, mas a determinação caberá ao poder de decisão da administração da organização. Pertence à natureza da profissão o desenvolvimento de atividades de Relações com a Imprensa.

6. CONFUSÕES NA NOMENCLATURA E NA DIVULGAÇÃO

O uso abusivo de nomenclaturas diferentes provoca confusões no mercado dificultando a compreensão e diferenciação de Relações Públicas com outras habilitações. Recomenda-se fortemente a não-incorporação às Relações Públicas de nomenclaturas e linguagens específicas de outras atividades.

É responsabilidade da categoria, cada vez mais, a identificação e divulgação da atividade para a opinião pública, a qual tem se mostrado deficiente.

Para a divulgação torna-se necessária a projeção da identidade e uma ideologia da função para assim podermos oferecer conceituação padronizada de fácil entendimento e absorção.

Como uma estratégia para obtermos clareza e visibilidade, recomenda-se forte adesão às novas Funções e Atividades Específicas descritas no presente documento, acrescentando obrigatoriamente, em cada planejamento, os instrumentos de avaliação da eficiência da atividade segundo padrões específicos. Essa avaliação de resultados irá formatando, ao longo do tempo, a imagem de contribuição efetiva para resultados que até agora temos sonegado.

7. FORMAÇÃO PROFISSIONAL

Ressente-se a profissão da falta imensa de cientificidade. Praticamente até agora, transcorridos que foram já trinta e cinco anos, os nossos profissionais se fazem na luta prática de manter espaços, e se desfazem na esterilidade do vazio teórico que deveria dar sustentação à sua luta prática.

Apenas agora, nos últimos anos, a reflexão está tomando o seu devido lugar e algumas publicações aparecem para disseminar a importante contribuição da academia à atividade.

Os profissionais de Relações Públicas apóiam decididamente esse esforço de reflexão que, em definitivo, se constitui em sustentação e crescimento da profissão.

A formação profissional deve ser preocupação do Conferp acompanhando os cursos e a formação de docentes de disciplinas específicas de Relações Públicas, que devem possuir registro e ser incentivados ao aperfeiçoamento contínuo.

A formação do profissional de Relações Públicas deve ser específica, rejeitando a possibilidade de retornar aos cursos polivalentes, e facilitando o estágio que, mesmo não constando do currículo oficial, deve ser incentivado sob a supervisão da faculdade e da empresa conforme lei de estágios em vigor.

8. MANDATO PARA A AÇÃO

Os profissionais de Relações Públicas do Brasil reafirmam sua vocação de construtores de pontes que possam unir os homens, e entregam aos seus dirigentes a tarefa de iniciar as gestões necessárias para transformar em realidade os conceitos e os anseios que vieram à luz graças à discussão democrática, e por isso esclarecedora, propiciada pelo Parlamento Nacional de Relações Públicas que neste ato encerramos.

Atibaia-SP, outubro de 1997.

COMISSÃO REDATORA:

Cândido Teobaldo de Souza Andrade, Celso Alexandre de Souza Lima, Elizabeth Pazito Brandão, Fábio França, Jorge Eduardo de Araújo Caixeta, Júlio Zapata, Paulo César Coelho Ferreira, Roberto José Porto Simões.

Conferp 1995/1997
Gestão Profª Sidinéia Gomes Freitas. Condutor do Parlamento: Julio Zapata

CONSELHO FEDERAL DE PROFISSIONAIS DE RELAÇÕES PÚBLICAS

Gestão 1998-2000
Presidente: Sidinéia Gomes Freitas/SP
Secretário-Geral: Julio Zapata/SP
Tesoureira: Maria José dos Santos Oliveira/DF

Conselheiros Efetivos:
Cláudia Peixoto de Moura/RS;
Ivone de Lourdes Oliveira/MG;
Maria da Graça França Monteiro Attuch/DF;
Raymundo Nonnato Moraes de Albuquerque/PA.

Conselheiros Suplentes:
Ana Lúcia Coelho Romero Novelli;
Flávio de Borba Schmidt;
Hugo Reinaldo Filippini;
Isaltino Bezerra e Silva;
Izaurina de Jesus Louzeiro;
Newton dos Santos Garcia;
Rodrigo Moreira de Faria.

Sede própria:
SCS Quadra 2 - Bloco C. Edifício Serra Dourada, Sala 107
CEP 70317-900
Telefone: (061) 226.7550 - Fax: (061) 224.3183 - Brasília/DF

LUIZ ALBERTO DE FARIAS

Graduado em Relações Públicas e em Jornalismo, é especialista em Comunicação, mestre em Comunicação e Mercado pela Fundação Cásper Líbero e doutorando em Integração da América Latina pela USP.

É professor na Escola de Comunicações e Artes da USP, nos cursos de Relações Públicas e Turismo, e em cursos de especialização; na graduação e pós-graduação da Faculdade Cásper Líbero, na qual é vice-coordenador do curso de Relações Públicas. É professor e coordenador do curso de Comunicação Social da Universidade Cruzeiro do Sul (Unicsul), do qual faz parte também a TV Unicsul (integrante do Canal Universitário de São Paulo – CNU). No ano de 2001, sua dissertação de mestrado foi classificada no Prêmio Intercom como a melhor na modalidade Relações Públicas, categoria Mestrado.

É pesquisador da USP e do Centro Interdisciplinar de Pesquisa (CIP) da Faculdade Cásper Líbero e editor da *Organicom – Revista Brasileira de Comunicação Organizacional e Relações Públicas*, do curso de Gestão em Comunicação Organizacional e Relações Públicas do Departamento de Relações Públicas, Propaganda e Turismo da ECA-USP.

Atuou como jornalista em revistas especializadas e em diversas empresas privadas como relações-públicas. Desde 1997, atende, como consultor, organizações de médio e grande porte na área de planejamento e implantação de políticas de comunicação para público interno e externo e de gestão de relacionamento com a mídia. Desenvolve, ainda, atividades de pesquisa de cultura e identidades corporativas e cursos de *media training* para executivos e lideranças organizacionais.

IMPRESSO NA
sumago gráfica editorial ltda
rua itauna, 789 vila maria
02111-031 são paulo   sp
telefax 11 **6955 5636**
sumago@terra.com.br